Te 93
97

T. 2660.
O.o.f.

MÉMOIRE

SUR

LA BILE,

LES MALADIES QU'ELLE PRODUIT,

ET SUR

UNE LIQUEUR

CONSIDÉRÉE COMME L'UN DES MOYENS LES PLUS EFFICACES
A LEUR OPPOSER ;

PAR M. CALMES-MONCET,

CHIRURGIEN, ANCIEN CHIRURGIEN-MAJOR DE LA GARDE
NATIONALE DE MARSEILLE.

> Qui benè judicat, benè curat; integritas
> judicii, fons et caput est benè medendi.
> BAGLIVI.

MARSEILLE.
IMPRIMERIE D'ACHARD, RUE SAINT-FERRÉOL, N° 64.

Juin 1831.

Avant-Propos.

Les médecins qui ont fait de la thérapeutique une étude particulière, se sont occupés de l'un des objets les plus utiles. Sans doute, les effets des médicamens fournis par les trois règnes de la nature, méritent d'être observés avec attention, surtout à l'époque actuelle qu'on n'est, ce semble, si sobre de remèdes que pour laisser à la nature le soin de guérir seule les maladies. Que la nature ait ce pouvoir quelquefois, c'est une chose sur laquelle tous les hommes sensés sont bien d'accord; mais vouloir la livrer à elle-même dans la généralité des cas, n'est-ce pas lui accorder une puissance qu'elle ne saurait justifier? N'est-ce pas, d'autre part, méconnaître les grands secours qu'elle emprunte de la médecine?

Depuis cinquante ans que j'exerce l'art de guérir, soit à Marseille ou dans la banlieue, on pense bien que les occasions de constater les propriétés de tels ou tels médicamens n'ont pas été peu nombreuses pour moi. Or, l'expérience, une foule d'observations m'ont si souvent confirmé les propriétés de la liqueur qui fait le principal sujet de ce mémoire, que je n'ai pas balancé, depuis longues années, de l'appeler *Liqueur anti-bilieuse, fondante, vermifuge, etc.;* épithètes qui pourront paraître singulières, mais seulement à ceux qui ignoreraient la multiplicité des faits qui les autorisent.

Elles font pressentir déjà toutes les indications qu'avec la liqueur dont il s'agit, il est possible de remplir. Mais c'est particulièrement contre les affections bilieuses qu'elle est utilisée avec le plus grand succès. Son action constante dans ces affections, c'est-à-dire, la propriété qu'elle a de débarrasser doucement le corps des matières âcres, caustiques, si souvent la source de maladies chroniques, mortelles, m'a engagé à tracer et à publier l'histoire d'un certain nombre de maladies qui ont été guéries par ce moyen, et à la faire précéder de quelques considérations auxquelles il m'a paru indispensable de me livrer, pour faciliter l'intelligence du sujet qui nous occupe; c'est une dette sacrée qu'il me fallait payer à l'humanité, et j'ose me promettre de n'avoir point de contradicteurs. Toutefois, s'il s'en présentait, je ne leur opposerais que la réponse que donnent l'expérience et l'observation sur lesquelles je m'appuie.

Si l'on fait attention que la bile formée, secrétée, comme nous le dirons bientôt, joue, dans le travail de la digestion, un rôle très-important; qu'elle est susceptible d'altérations, produites par des lésions plus ou moins graves d'organes, ou qui sont elles-mêmes la cause de ces lésions; qu'elle jouit, du moins suivant l'opinion de quelques auteurs, de propriétés médicinales, économiques, etc., on n'est nullement surpris qu'elle ait été l'un des sujets sur lesquels les médecins anciens et modernes se soient spécialement exercés.

On dirait, d'après le grand nombre d'écrits publiés à cet égard, qu'il ne reste plus rien à exposer sur une matière aussi importante. Cependant, si l'on considère qu'il règne dans ces écrits une diversité d'opinions, à laquelle il est permis de rapporter le peu de confiance que bien des gens ont eu et ont encore dans les remèdes connus sous la dénomination d'anti-bilieux, on concevra qu'il n'est pas sans utilité de revenir sur un pareil sujet, surtout quand on a l'expérience pour appuyer des assertions qui, jusqu'à ce jour, ont paru douteuses à certains auteurs.

Afin de mettre de l'ordre dans ce mémoire, j'examinerai la bile sous les rapports anatomique, chimique, physiologique et pathologique. J'ajouterai quelques mots sur son usage en médecine et dans les arts; enfin, je parlerai du moyen que j'emploie avec succès contre les maladies qu'elle occasione, et je finirai par produire un certain nombre d'observations qui viennent à l'appui de ma façon de penser.

Je dois faire remarquer aussi que les détails dans lesquels je vais entrer ont été puisés dans les meilleurs auteurs, ou sont fondés sur des faits que j'ai moi-même observés.

MÉMOIRE SUR LA BILE,

LES MALADIES QU'ELLE PRODUIT,

ET SUR

UNE LIQUEUR

CONSIDÉRÉE COMME L'UN DES MOYENS LES PLUS EFFICACES A LEUR OPPOSER.

―――――――――――――――――

CHAPITRE PREMIER.

DE LA BILE, CONSIDÉRÉE SOUS LE POINT DE VUE ANATOMIQUE.

Mon intention ne saurait être de tracer ici l'histoire de l'appareil biliaire, regardé avec raison comme l'appareil secréteur le plus compliqué. Je ne veux que présenter un simple tableau des parties qui concourent à la formation et à la secrétion de la bile.

La bile est sans cesse préparée par le foie, viscère unique dans l'homme, et l'un des plus considérables, quant à son volume et à son poids. Il est placé en haut et à droite, dans la cavité du bas-ventre. Sa forme est celle d'un carré imparfait ; sa couleur est d'ordinaire d'un rouge obscur ; il est en rapport : 1° par sa face supérieure qui est convexe, avec le diaphragme, où il adhère, au moyen d'un repli falciforme du péritoine, nommé *ligament suspenseur du foie;* 2° par sa face inférieure un peu concave, avec l'estomac et les intestins, auxquels il est contigu ; 3° en arrière, avec la colonne vertébrale et le diaphragme ; 4° en avant, avec la base de la poitrine.

Toute la masse de cet organe est divisée en trois lobes : des deux principaux, l'un est à droite, c'est le *grand lobe;* l'autre est à gauche, c'est le *moyen lobe*. Le troisième, connu sous le nom de *petit lobe* ou lobe de Spigel, est situé en dessous.

La substance du foie, laquelle est un parenchyme pulpeux, est traversée par un très-grand nombre de petits nerfs qui proviennent du nerf pneumo-gastrique, du nerf diaphragmatique et du plexus hépatique ; elle est encore traversée par des vaisseaux lymphatiques fort nombreux, et des canaux vasculaires tout aussi multipliés.

Disons un mot des vaisseaux sanguins du foie, dont le nombre est assez considérable.

La *veine porte,* formée de la réunion des veines de la plupart des viscères abdominaux, et recouverte d'une enveloppe appelée *capsule de glisson,* parvenue vers la face concave du foie, s'y loge dans une scissure, s'y divise en une foule de rameaux qui le pénètrent du sang noir nécessaire à la séparation de la bile.

L'*artère hépatique,* qui tire son origine du tronc cœliaque, vient, en se divisant aussi dans le foie en beaucoup de rameaux fort ténus, y porter le sang rouge destiné à la nutrition de l'organe.

Lorsque la veine porte et l'artère hépatique se sont terminées en des ramifications d'une extrême ténuité, ces ramifications se réunissent en des branches ou troncs veineux (veines hépatiques) qui vont s'ouvrir dans la veine cave inférieure, pour y verser le résidu du sang qui a été introduit dans le foie par les deux autres ordres de vaisseaux.

Observons encore que les extrémités de ceux-ci se terminent également en ce qu'on a pris pour des *grains glanduleux* remplissant les fonctions d'organes secréteurs. Le fait est que ces grains donnent naissance aux pores biliaires, conduits qui séparent la bile du sang, et dont la réunion forme le canal hépatique par lequel cette humeur s'écoule hors du foie. Long d'un pouce et demi environ, et du diamètre d'une ligne et demie, ce canal va joindre le canal cystique qui provient de la vésicule biliaire. Enfin, de la jonction de ces deux canaux résulte le canal cholédoque qui s'ouvre dans le duodenum.

Telles sont, en peu de mots, les parties à l'aide desquelles la bile est formée, secrétée et conduite dans le duodenum. Mais de quelle manière et dans quelle vue cette formation, cette secrétion s'opèrent-elles? C'est là, ce nous semble, l'une des questions auxquelles il nous importe le plus de nous arrêter. Il convient, toutefois, de faire connaître préalablement ce qui peut donner, de la nature et des qualités de la bile, une idée précise, et qui nous permette de mieux apprécier les différens phénomènes que cette humeur produit chez l'homme, dans l'état de santé et de maladie.

CHAPITRE II.

DE LA BILE, CONSIDÉRÉE SOUS LE POINT DE VUE CHIMIQUE.

Nous devons comprendre ici, non-seulement les principes constitutifs de la bile, mais encore ses propriétés physiques, et, tout bien considéré, nous faut-il commencer par celles-ci, leur connaissance pouvant nous permettre de juger, en quelque sorte, de la nature de ceux-là, avant même que, pour plus de certitude à cet égard, nous nous soyions éclairés du flambeau de l'analyse.

§. 1

Propriétés physiques de la bile.

On conçoit qu'elles doivent varier suivant les espèces d'animaux et suivant certaines circonstances dans le même individu. Il est à noter aussi qu'il existe des différences entre la bile qui du foie est portée directement dans le duodenum, et celle qui, avant d'arriver dans cette portion du tube intestinal, a séjourné dans la vésicule. De là, deux espèces de bile : l'*hépatique* et la *cystique*. Nombre d'auteurs ont soutenu que les différences qui existent entre elles sont si petites qu'il suffit d'en étudier une pour savoir à quoi s'en tenir quant aux caractères de l'autre. Ils ont donné pour raison que la seule chose dont on s'aperçoive, c'est que la bile cystique est plus épaisse, plus consistante et plus amère que l'hépatique ; propriétés qui sont dues évidemment à son séjour dans la vésicule et à la dissipation de ses parties les plus fluides. Cependant, au dire des savans qui ont fait des humeurs animales un examen approfondi, la bile hépatique est peu liquide, peu colorée, insipide comme le prouve sa saveur douce, jamais amère, tandis que l'autre bile, plus ou moins foncée en brun ou en vert, épaisse et filante, est d'une saveur très-amère.

Comme c'est de la bile humaine que nous avons à nous occuper ici, on aurait raison de regarder comme superflue l'exposition des travaux que l'on a entrepris sur cette humeur chez divers animaux. Il est, pourtant, des considérations majeures qui nous permettent de parler de la bile de bœuf : ce sont et ses caractères physiques qu'on a reconnu être presque entièrement semblables à ceux de la bile de l'homme, et la facilité qu'on a d'en soumettre à l'examen chimique une quantité convenable.

Il faut lire ce que Fourcroy a écrit sur la bile cystique de bœuf.

La bile a une consistance plus ou moins marquée qui précède toujours les autres propriétés, notamment la couleur et la saveur. Cette consistance est comme sirupeuse, susceptible néanmoins de modification, et, par exemple, la bile est plus liquide dans l'enfance que dans l'âge adulte, et elle paraît, dans la vieillesse, couler avec plus de lenteur qu'à toute autre époque de la vie. Son état de liquidité ou d'épaississement est encore subordonné à la nature des affections qui troublent les fonctions du foie. Aussi, tantôt a-t-elle la consistance d'une huile épaisse, tantôt est-elle poisseuse, glutineuse, et quelquefois même se montre-t-elle à l'état concret plus ou moins solide.

Il résulte de nombreuses expériences faites par des chimistes distingués, pour constater la pesanteur de la bile, que cette humeur est plus pesante que l'eau, mais qu'elle est plus légère que le lait et le sang, et si des auteurs ont avancé que celui-ci est moins lourd que la bile, il faut croire que cette différence de résultats tient à des procédés différens, ou à des circonstances relatives à l'état d'intégrité ou d'altération du fluide soumis aux expériences.

La bile est ordinairement d'un jaune verdâtre dans l'homme et la plupart des mammifères. Quelquefois elle est d'un brun jaunâtre, rougeâtre ou incolore. Mais le jaune est si intimement lié à sa nature qu'elle teint de cette nuance toutes les parties qui la contiennent et même, par une sorte de transsudation, les parties circonvoisines. Sa teinte est d'autant plus foncée qu'elle a séjourné plus long-tems dans ses couloirs. La garance prise à l'intérieur a la propriété de lui donner comme aux os, une nuance de rouge, et il est des maladies qui apportent dans sa couleur des changemens notables.

Récente et dans l'état normal, elle est inodore chez l'homme. Celle de bœuf répand une odeur faible, nauséabonde. On lui a reconnu une odeur de musc quelquefois très-prononcée, et l'on a remarqué qu'elle mousse beaucoup, lorsqu'on l'agite.

Mais un des caractères tranchés de la bile, est sa saveur amère, et telle que quelques gouttes de ce fluide dans une certaine quantité d'eau, ou répandues sur une substance alimentaire, leur communiquent une amertume insupportable. Aussi, est-elle prise pour terme de comparaison; on dit: *amer comme le fiel.* Cependant elle n'a pas toujours cette saveur désagréable: liquide comme de l'eau, elle est insipide, tandis qu'elle contracte d'autant plus d'âcreté et d'amertume, qu'elle devient plus épaisse.

Resterait maintenant à parler de la quantité de bile qui se forme dans l'homme pendant un tems déterminé. Objet dont quelques expérimentateurs se sont occupés avec beaucoup de soin. Mais il résulte de leurs recherches que toute évaluation à cet égard ne peut qu'être approximative, puisqu'on a trouvé qu'en vingt-quatre heures, il sortait du foie depuis deux onces jusques à une livre et demie de bile.

§. II.

Propriétés chimiques et analyse de la bile.

Que n'aurions-nous pas à dire s'il nous fallait détailler les faits si nombreux qui ont été recueillis sur ces propriétés? C'est dans le Système des connaissances chimiques de Fourcroy, qu'on trouve, à ce sujet, des développemens de la dernière importance, et qui, en résumé, ont permis à cet illustre chimiste de soutenir que la bile est un liquide très-composé, différant beaucoup des autres substances animales et dans lequel on a trouvé par des expériences, ou indiqué d'après des essais plus ou moins avoués:

1° Une grande quantité d'eau;

2° De la soude;

3° Une matière huileuse unie à cette dernière dans l'état savonneux;

4° Une matière colorante combinée avec l'espèce de savon précédent;

5° Une substance huileuse, amère et odorante;

6° Une substance animale coagulable;

7° Une espèce de corps sucré analogue au sucre de lait;

8° Des sels, tels que phosphate de soude, phosphate de chaux, et quelques indices de muriate de soude (hydrochlorate de soude);

9° Enfin, de l'oxide de fer.

Fourcroy s'est attaché à reprendre chacun de ces principes en particulier, à rechercher comment on les a ou trouvés ou annoncés dans la bile, à reconnaître leur état, leur nature particulière ou spécifique, le mode de leur union et leur influence sur les propriétés du liquide biliaire pour arriver à la détermination de ses usages dans l'économie animale. Or, il a pu s'assurer que la bile de bœuf est un liquide albumino-savonneux, composé d'eau, d'albumine, de soude, d'une huile concrescible particulière, de phosphates de soude et de chaux; que le principe colorant, l'huile volatile et odorante analogue à la myrrhe, ne sont que le produit de l'altération de ce liquide; que la matière mucoso-sucrée n'y est pas prouvée; que le fer n'y est qu'accidentel.

Comparée à cette bile, celle de l'homme n'a, suivant le même chimiste, présenté aucune différence.

Cependant l'identité de l'une et de l'autre est si non problématique, du moins incertaine, puisque des chimistes très-distingués, qui les ont analysées, ont obtenu des résultats qui n'étaient pas tout-à-fait semblables. Suivant M. Thenard, la bile de bœuf est composée, sur 800 parties, de 700 d'eau, de 69 de picromel, de 15 de matière résineuse verte, d'une quantité variable de matière jaune et de quelques sels : soude; phosphate de soude, hydrochlorates de potasse et de soude, sulfate de soude, phosphate de chaux, oxide de fer.

L'existence de la résine a été contestée par Berzelius, qui, d'ailleurs, soutient que la bile de bœuf est formée de 907,4 d'eau, de 80,0 d'une matière semblable au picromel, de 3 de mucus de la vésicule du fiel, et de 9,6 d'alcali et de sels communs à tous les fluides des secrétions.

Voici maintenant le résultat de l'analyse chimique de la bile humaine, d'après M. Thenard. Cette bile, la cystique, est composée, sur 1100 parties, de 1000 d'eau, de 42 d'albumine, de 41 de substance résineuse, de 2 à 10 de matière jaune, de 5 à 6 de soude, de 4 à 5 de sulfate, de phosphate et d'hydrochlorate de soude, de phosphate de chaux et d'oxide de fer. Ainsi donc, on n'y retrouve pas le picromel, comme dans la bile de bœuf. M. Chevalier a cru s'apercevoir que cette substance y existait, en petite quantité il est vrai, mais seulement dans la bile cystique et nullement dans l'hépatique.

Il est à remarquer que le picromel, d'après les expériences de M. Lassaigne, n'existe point dans la bile du fœtus de la vache.

Observons aussi que le picromel est une substance incolore d'une saveur âcre, amère et sucrée; odeur nauséabonde; très-soluble dans l'eau et dans l'alcool, déliquescente et dissolvant la résine de la bile.

Nous nous sommes abstenu à dessein de reproduire la série des opérations chimiques par lesquelles on a pu se fixer sur les principes constituans de la bile. Nous en avons assez dit pour faire comprendre que ce liquide est une sorte de savon animal, formé d'un arome, d'une grande quantité d'eau, d'un principe albumineux, d'une matière huileuse, résineuse et de plusieurs sels.

Enfin, nous n'avons entendu parler jusqu'ici, en fait de bile soumise à l'examen chimique, que de celle qui avait été retirée de la vésicule dans un état normal. Nous verrons plus tard les changemens qu'elle peut éprouver dans diverses maladies. Examinons maintenant ses usages dans l'économie animale vivante.

CHAPITRE III.

DE LA BILE, CONSIDÉRÉE SOUS LE POINT DE VUE PHYSIOLOGIQUE.

Avant d'exposer les usages de la bile, il faut si non développer la manière particulière dont elle est formée, secrétée, (car il n'est point donné aux meilleurs physiologistes de trancher à cet égard,) du moins, de faire entrevoir le mécanisme de cette secrétion, quelque mystérieux qu'il soit encore.

Dans le premier chapitre, nous avons avancé que le foie recevait un très-grand nombre de vaisseaux sanguins, et que la plupart d'entre eux fournissaient les matériaux nécessaires à l'élaboration de la bile. Nous dirons ici que le sang transmis au foie par la veine porte est plus épais, a subi des altérations préparatoires avant d'arriver dans cet organe; nous dirons aussi que la circulation de ce fluide y est plus lente, et que cette lenteur favorise la secrétion de la bile, secrétion qui se fait en vertu d'une action propre à l'organe secréteur. Le difficile est de déterminer en quoi consiste cette élaboration. Qu'elle ait lieu à l'extrémité des ramifications vasculaires et d'une manière instantanée, cela se conçoit; mais comment s'opère la transmutation, pour ainsi dire, du fluide sanguin en fluide biliaire, voilà ce qu'il n'est pas facile d'expliquer.

D'après le sentiment des meilleurs auteurs et par ce qui tombe naturellement sous les sens, il paraît que les principes élémentaires de la bile qui se trouvent épars dans le sang, sont réunis dans le foie, à la faveur du mode particulier de vitalité de cet organe. De cette réunion de principes résulterait la formation de la bile, mais il ne nous est, d'ailleurs, pas permis de dire de cette fonction vitale autre chose que ce qui a été soutenu par M. ADELON, à l'article secrétion du Dictionnaire de médecine : la secrétion étant une œuvre de vie, et ses organes faisant partie de l'organisme, elle doit être subordonnée aux conditions générales qui régissent toutes les fonctions vitales ; c'est-à-dire, être susceptible de se modifier sans cesse, de s'augmenter, de se ralentir selon les impressions directes ou sympathiques que reçoivent les organes sécréteurs ; elle est, par exemple, soumise à une influence nerveuse. De là, les modifications que telle ou telle secrétion peut subir, dans l'état de santé et de maladie.

La bile formée, secrétée, est destinée à des usages de la plus haute importance. On ne saurait bien les signaler sans parler de son trajet, et nous ne pouvons mieux faire que de retracer ici, à l'exemple de l'auteur (M. ROUX) du cinquième volume de l'Anatomie descriptive de BICHAT, ce que BICHAT lui-même a exposé dans son Anatomie générale, du résultat de ses expériences à ce sujet:

« 1° Il paraît, dit ce grand anatomiste, que dans tous les tems le foie sépare une certaine quantité de bile, quantité qui augmente cependant durant les digestions. 2° Celle qui est fournie pendant l'abstinence se partage entre l'intestin qui s'en trouve toujours coloré, et la vésicule qui la retient sans en verser aucune portion par le conduit cystique, et où, ainsi retenue, elle acquiert un caractère d'âcreté, une teinte foncée, nécessaires sans doute à la digestion qui va suivre. 3° Lorsque les alimens, ayant été digérés par l'estomac, passent dans le duodenum, alors toute la bile hépatique, qui auparavant se partageait, coule dans l'intestin, et même en plus grande abondance. D'une autre part, la vésicule verse aussi celle qu'elle contient sur la pulpe alimentaire qui s'en trouve alors toute pénétrée. 4° Après la digestion intestinale, la bile hépatique diminue et commence à couler en partie dans le duodenum, et à refluer en partie dans la vésicule, où, examinée alors, elle est claire et en petite quantité, parce qu'elle n'a encore eu le tems ni de se colorer, ni de s'amasser en abondance.

« Il y a donc cette différence entre les deux biles, que l'hépatique coule d'une manière continue dans l'intestin et que la cystique reflue, hors le tems de la digestion, dans la vésicule, et coule, pendant cette fonction, dans le duodenum; ou plutôt c'est le même fluide dont une partie conserve toujours le caractère qu'il a en sortant du foie: l'autre va en prendre un différent dans la vésicule. La diversité de couleur de la bile cystique, suivant qu'elle a ou non séjourné, a beaucoup d'analogie avec la couleur de l'urine, qui, plus ou moins retenue dans la vessie, se trouve plus ou moins foncée. »

Quelles que soient les opinions diverses émises sur les usages de la bile, elle n'a pas moins été regardée par tous les physiologistes comme étant particulièrement destinée au complément de la digestion. Les deux espèces de bile, cystique et hépatique, concourent à ce grand acte; mais elles subissent préalablement, à leur arrivée dans le duodenum, une certaine altération par le mélange du suc pancréatique, et il est à noter que la bile cystique est évidemment celle qui a le plus d'usage dans la chilification.

Unie au fluide pancréatique et versée sur la pâte chymeuse, la bile opère une vraie précipitation de celle-ci, comme l'a fort bien fait remarquer l'illustre Fourcroy. Elle sépare la partie chyleuse du résidu qui forme les excrémens, et se divise elle-même en deux parties : l'une liquide, albumineuse et saline se combine à la partie la plus dissoluble, la plus fluide des alimens digérés, et forme avec elle la liqueur chyleuse, douce, blanche, laiteuse. L'autre matière, c'est-à-dire, la partie huileuse, âcre, amère et colorante de la bile, se mêle avec la portion féculente, solide et non digérée des alimens et se condense de plus en plus avec elle, à mesure qu'elle parcourt les intestins.

La bile est donc recrémentitielle, puisque se combinant en partie avec la masse chymeuse pour former le chyle, elle concourt à la nutrition et rentre dans le torrent circulatoire.

La bile est donc également excrémentitielle, puisque en partie elle passe avec les excrémens qu'elle teint par son huile colorée et auxquels elle donne la presque totalité de leur odeur fétide. Cela est si vrai, qu'ils sont sans couleur et sans fétidité dès que les couloirs de la bile se trouvent obstrués au point qu'elle ne puisse arriver dans le duodenum.

Ce fluide est encore remarquable par l'effet stimulant

qu'il produit dans les premières voies. En irritant doucement les intestins, il excite leur mouvement péristaltique dans toute leur étendue, comme pour régulariser l'expulsion des excrémens, et favorise ainsi l'évacuation du suc muqueux et glaireux du tube intestinal.

Quand la bile ne ferait que remplir ces fonctions, elle ne serait pas moins jugée comme jouant l'un des rôles les plus importans dans l'économie animale. Mais on est bien plus pénétré de son importance lorsqu'on fait attention qu'elle est dans cette économie comme une médecine naturelle et générale, puisqu'elle y entretient la fluidité et le mouvement du sang, deux qualités si essentielles au libre et facile exercice des fonctions vitales. « La bile, a dit le docteur James (1), est donc appelée à juste titre, tant par les anciens que par les modernes, le baume du corps, non dans le sens qu'elle prévienne la putréfaction par sa qualité balsamique, mais parce qu'elle contribue à entretenir la circulation du sang prompte et facile; » mouvement dont on conçoit l'indispensable nécessité pour prévenir plusieurs causes de désorganisation.

---

(1) *Dictionnaire universel de médecine*, par James; traduit de l'anglais par Diderot, Eydoux et Toussaint ; revu, corrigé et augmenté par le docteur Julien Busson.

CHAPITRE IV.

DE LA BILE, CONSIDÉRÉE SOUS LE POINT DE VUE PATHOLOGIQUE.

On aurait peine à concevoir que des médecins instruits, connaissant parfaitement les fonctions si essentielles de la bile et leur influence sur l'organisme, eussent l'idée que le dérangement de ces fonctions n'en entraîne que peu ou point dans notre constitution. C'est, pourtant, ce que nous voyons à l'époque actuelle. En vain, Hippocrate, Galien et leurs sectateurs ont démontré par des faits que la bile occasione la plupart des maladies, lorsqu'elle pèche par sa quantité ou par sa qualité. De modernes mécaniciens ne voient qu'hypothèses dans les théories à cet égard, fondées sur les observations de ces grands maîtres. Ils veulent bien convenir de la surabondance de la bile dans certains cas ; mais dans aucun, elle ne saurait, à leur avis, devenir la cause d'accidens morbides, pourvu que ce liquide soit exempt d'altération ; et ils veulent bien convenir que la bile est susceptible d'altérations secondairement, et quelquefois primitivement aux désordres du foie ; mais ils soutiennent qu'elle ne fait qu'irriter, enflammer les parties avec lesquelles elle se trouve en contact, et ils se basent sur l'ignorance de la nature intime de ces altérations pour nier la possibilité de les combattre avec avantage. C'est du moins, suivant l'auteur de l'article bile du Dictionnaire de médecine et de chirurgie pratiques, ce que, dans l'état actuel de la science, il paraît *raisonnable* d'admettre.

Nous citons de préférence cet auteur parce qu'il est un des plus distingués parmi ceux qui ont écrit tout récemment de manière à nier l'influence de la bile sur la production des maladies. Tout en rendant justice aux connaissances de cet estimable médecin, il nous est impossible d'abonder dans son sens, puisqu'il suffit de réfléchir un instant sur ce qui a été exposé dans les chapitres précédens pour s'apercevoir que les altérations de la bile doivent être la source d'une foule de maladies, de beaucoup de désordres qui ne se bornent pas aux parties circonvoisines de l'appareil biliaire, mais qui s'étendent aux points les plus reculés de l'économie animale. Maintenant, croit-on de bonne foi que l'art ne possède pas les moyens de dissiper ces maux, quand bien même la nature intime de la cause qui les produit nous serait tout-à-fait inconnue? Il nous serait peut-être moins difficile qu'on le croirait au premier abord de démontrer, par le raisonnement, que s'il faut s'attacher à l'étiologie des maladies, pour pouvoir et les prévenir et les guérir, il n'est pas indispensable, du moins dans tous les cas, d'approfondir ce qui les a produites, pour atteindre ce double but. Mais l'expérience, l'observation, ont plus d'éloquence; elles ont consacré les idées que nous avons adoptées et que nous défendons dans ce mémoire. C'est donc à elles que nous devons nous en rapporter. Cependant préludons par quelques considérations générales à l'exposé des faits sur lesquels s'appuie notre façon de penser.

Les divers états pathologiques de la bile peuvent se rapporter aux variations dont sa quantité, sa consistance, sa couleur, son odeur, sa nature ou composition intime et sa marche ou distribution sont susceptibles.

Il est sûr que ces anomalies sont subordonnées elles-mêmes à la manière d'être de l'organe qui secrète cette humeur. Mais, est-ce dit pour cela que le médecin n'ait pas à tourner ses vues thérapeutiques de leur côté ? Ne lui faudra-t-il que remonter à la cause première ? Ne devra-t-il pas également s'arrêter aux effets de celle-ci ? Sans doute, rien ne doit échapper à son investigation, en fait de phénomènes morbides, s'il veut faire une application convenable des ressources de son art. Or, quelle que soit la cause, qui, dans le foie, supprime, diminue ou augmente ses fonctions secrétoires, le résultat n'en réclamera pas moins toujours une sérieuse attention, parce qu'il peut ne tenir en rien à ce qui l'a produit.

Lorsque la bile pèche par défaut, ou par une très-petite quantité; ce qui arrive chez les individus cacochymes, chez ceux dont le corps est dans un état général d'atonie, à la suite de maladies plus ou moins graves, de squirrhe, de suppuration du foie, de resserrement spasmodique ou d'obstruction, par des calculs des canaux biliaires; on doit sans contredit chercher principalement à faire cesser ces causes, pour pouvoir rétablir la secrétion suspendue de la bile, ou activer cette fonction, au point que le fluide qui en résulte soit en quantité suffisante.

Mais lorsque, par des causes sans nombre, ce fluide sera surabondant, ne faudra-t-il pas, outre l'emploi des moyens capables d'enrayer son augmentation continuelle, faire disparaître l'excédant de bile pour rétablir l'harmonie dans les fonctions, à moins qu'on ne s'imagine que trop de bile ne saurait être nuisible, ce qui serait assez singulier ? Nous n'avons pas besoin de nous épuiser en raisonnement pour arriver à une solution affirmative.

Tout le monde comprend qu'il faut une certaine proportion dans les fluides nécessaires au maintien des fonctions organiques, et que sans elle un désordre général est inévitable.

Qui ne sait qu'une fois la secrétion biliaire suspendue ou diminuée, il est impossible que les digestions soient bonnes, puisque privés de la bile, les alimens ne sauraient être convenablement élaborés, ni parcourir comme il faut les voies intestinales. Or, sans bonne digestion, point de nutrition, et sans nutrition, à coup sûr le corps vivant ne se soutient pas dans son état d'intégrité.

Quant aux effets d'une grande quantité de bile, on s'en formera une idée par ce que nous dirons des maladies dont il est permis d'imputer la production à sa surabondance. Nous ferons remarquer, en ce moment, que celle-ci s'observe, sans motif légitime, chez des individus qui y sont comme naturellement prédisposés, et que chez d'autres, elle reconnaît pour causes, une abondante nourriture animale, des passions vives, l'âge adulte, les chaleurs excessives de l'été et de certains climats, surtout lorsqu'on n'y est point accoutumé, l'abus des liqueurs alcooliques ou spiritueuses, les constitutions épidémiques, en un mot, tout ce qui est de nature à exalter les propriétés vitales du foie, de manière à y susciter une sorte de mouvement fluxionnaire.

La *consistance* de la bile varie non-seulement suivant certaines circonstances physiologiques, mais encore, comme nous l'avons déjà avancé, suivant certaines affections du foie. L'épaississement de cette humeur se fait observer assez fréquemment, et peut être attribué, soit à plus de lenteur qu'il n'en faut dans le mouvement circulatoire du système de la veine porte, soit au séjour prolongé de la bile dans la vésicule, séjour pendant lequel il doit se faire une absorption continuelle de la partie aqueuse, au moyen des nombreux vaisseaux lymphatiques qui s'ouvrent dans la poche biliaire, et à tel point, qu'on a vu quelquefois la bile avoir une ténacité qui la rapprochait de la poix ou du gluten; on l'a vue plus ou moins concrète, et même entièrement dure, comme dans les calculs biliaires, que pourtant on ne doit pas prendre pour de la bile simplement épaissie, puisque l'analyse chimique démontre que leur composition diffère de la composition du fluide qui leur a donné naissance.

Une vie sédentaire, une position du corps habituellement courbée, l'âge avancé, le défaut d'exercice, en un mot, tout ce qui contribue au ralentissement du cours du sang dans le système de la veine porte doit disposer la bile à prendre plus de consistance. Un obstacle quelconque à son écoulement hors de la vésicule donne, sans doute, lieu au même résultat.

L'atténuation de ce fluide, c'est-à-dire, son état de liquidité fait supposer en lui une plus grande proportion de parties aqueuses et partant doit exister en même tems qu'il y a lésion des fonctions absorbantes, comme dans les hydropisies, etc.

Il est tant de causes qui font varier la bile sous le rapport de sa *couleur*, comme de sa consitance, qu'il n'est pas surpenant que les anciens en aient distingué un grand nombre d'espèces : la rouge, la glastée, l'érugineuse ou la verte, l'azurée, la vitelline, la jaune, la brune ou obscure, la porracée, la noire, la pâle, etc., etc.

Sans nous arrêter ici à ces différentes espèces de bile, disons qu'elles peuvent dépendre de causes qui ne tiennent nullement à un état morbide de l'organe qui la secrète. Ainsi, par exemple, la garance, prise à l'intérieur lui donne une couleur rouge. Mais ses nuances varient dans un très-grand nombre de maladies où les systèmes hépatique et gastrique sont vivement attaqués. Si, par l'érugineuse, qui s'engendre dans le foie atteint de phlegmasie, il est permis de n'admettre dans cet organe qu'un état inflammatoire plus ou moins prononcé; par la noire, celle d'un brun foncé ou d'un gris cendré, on jugera qu'il existe une altération profonde des organes qui président à la secrétion du fluide biliaire.

Par l'*odeur* de ce fluide, on peut aussi juger en quelque sorte de son altération. Puisque c'est lui qui donne aux excrémens l'odeur fétide qu'on leur connaît, on n'aura pas de peine à croire qu'il ait subi une certaine décomposition, lorsque, rendu avec eux ou évacué par la bouche, il exhalera une odeur putride insupportable.

Quoiqu'il faille restreindre les maladies où il acquiert ce dernier caractère, celui-ci n'est pas moins incontestable. On conçoit, en effet, que par une secrétion vicieuse ou un séjour prolongé dans un milieu chaud, tel que le tube digestif, où, dans l'état de santé, la bile ne fait que passer, elle doit être altérée plus ou moins et contracter même dans certaines circonstances des qualités vénéneuses. On connaît l'histoire, racontée par Morgagni, du fils d'un peintre, mort dans les plus terribles convulsions. A l'ouverture de son cadavre on trouva dans l'estomac et les intestins, une assez grande quantité de bile verte qui teignait le scalpel en violet, et tellement vénéneuse que deux piqûres faites à deux pigeons, avec un instrument qui en était imprégné, leur occasiona de violentes convulsions et un tremblement universel auxquels ils succombèrent, et qu'un coq, après avoir mangé de la mie de pain trempée dans cette bile, mourut aussi vîte et de la même manière.

M. L. Ch. Roche pense qu'on ne peut tenir aucun compte de cette observation, par cela seul que Morgagni ne s'est pas assuré si le malade n'était pas mort empoisonné ; et il réclame de nouveaux faits pour admettre que la bile acquiert des qualités vénéneuses. Mais cet estimable auteur aurait pu consulter Borelli, cité par James, à qui nous empruntons volontiers les détails suivans : « Lorsque la bile est devenue très-âcre et très-caustique elle excite les mêmes symptômes que le poison. Borrichius (Act. méd. Haffn. tom. III. obs. 36.) fait l'histoire d'un jeune homme attaqué des symptômes produits généralement par le poison, et dont la maladie était une érosion de la membrane intérieure de l'estomac, causée par une bile très-âcre. Le même auteur écrit que non-seulement la bile, mais encore les autres humeurs affectent le corps et l'estomac, de manière qu'on serait tenté de croire que le malade a pris une dose de poison. Dans ce cas, il ne faut point douter que la bile et les humeurs n'aient contracté une qualité maligne, en conséquence de laquelle elles picotent, rongent les membranes et les autres parties sensibles, de la manière la plus cruelle et excitent les douleurs les plus insupportables. »

D'après cela, ainsi que d'après ce qu'on observe assez souvent dans certaines fièvres, la dégénération, la viciation de la bile est un fait qu'il n'est pas permis de contester. Quels sont les changemens qu'éprouve alors cette humeur ? c'est ce qu'il n'est pas facile de bien préciser. Il est tant de causes susceptibles de la décomposer, de l'éloigner de son état normal que ses modifications doivent varier singulièrement. D'ailleurs, l'analyse chimique, si capable de jeter du jour sur une pareille matière, ne nous l'a pourtant pas encore éclaircie. Il est heureux que cette connaissance ne soit importante que jusques à un certain point pour la thérapeutique. Nous verrons bientôt qu'il suffit de connaître, par expérience, le moyen propre à corriger la bile et à la diminuer quand elle nuit par surabondance. Contentons-nous de dire ici que plus les qualités de la bile s'éloignent de leur état naturel, plus le médecin doit se tenir en garde contre les conséquences de ce genre d'altération, en même tems que contre ce qui l'a produite.

Eu égard à sa marche et à sa distribution, la bile peut être retenue dans ses couloirs ou en être déviée et acquérir alors des qualités anormales. C'est surtout lorsqu'elle s'accumule dans la vésicule, qu'elle la distend outre mesure, comme on l'a vu, au point que cette poche a contenu jusques à douze livres de liquide; c'est alors, disons-nous, que la bile est altérée de manière à préjudicier aux parties environnantes lorsqu'elle se fait jour, outre que son défaut de circulation dans les voies digestives entraîne des désordres dont il est aisé de se représenter le tableau.

Nous aurions beaucoup à examiner s'il nous fallait traiter de toutes les causes occasionelles de l'altération de la bile, de tous les phénomènes pathologiques que cette altération est capable de déterminer. Il nous suffit de dire qu'on est dispensé de disserter longuement sur cette proposition que la bile peut acquérir différens degrés d'altération. On n'a pas oublié que les matériaux nécessaires à son élaboration sont contenus dans le sang. Or, si le sang est susceptible d'éprouver, ce qui est indubitable, une altération plus ou moins profonde, comment refuserait-on d'admettre que la bile, résultat de ce sang dégénéré, subit elle-même les effets de cette dégénération? Ce qui vient à l'appui de cette vérité, c'est que la bile, ainsi que des médecins recommandables l'ont démontré, se forme quelquefois spontanément dans les secondes voies. Cela étant, elle doit nécessairement réaliser son influence nuisible sur tels ou tels points de l'organisme. C'est ce que nous pensons, sans pourtant avoir la prétention de soutenir que la bile est cause de toutes les maladies.

En parlant de la liqueur antibilieuse dont nous n'avons eu qu'à nous louer depuis long-tems, nous aurons l'occasion de faire connaître les maladies dépendantes du fluide biliaire dépravé ou surabondant. Mais ayant considéré cette humeur comme remplissant des fonctions essentielles pour le maintien de la vie, il n'est pas hors de propos de rappeler avant tout qu'on lui a attribué des propriétés médicinales; nous croyons même devoir consacrer à cet égard un court chapitre dans lequel nous exposerons aussi, pour ainsi dire en passant, ses usages économiques.

CHAPITRE V.

DES USAGES DE LA BILE, EN MÉDECINE ET DANS LES ARTS.

Le défaut ou la diminution de secrétion de la bile étant cause de beaucoup de désordres, on a pensé pendant long-tems que pour les prévenir il fallait administrer à l'intérieur la bile de quelques animaux et notamment celle de bœuf; c'est qu'on la regardait comme jouissant des propriétés alcalines, savonneuses, fondantes, détersives, et de celles principalement de suppléer au défaut de secrétion de cette humeur naturelle chez l'homme. On croyait aussi qu'elle avait, suivant chacun de ses animaux, une action particulière, dans tel ou tel cas maladif. Le tems a fait justice de ce que ces opinions présentent d'erroné, et de nos jours on n'utilise guères que la bile de bœuf, dans la principale vue qu'on se proposait autrefois; mais elle paraît n'exercer sur les voies digestives qu'une action tonique.

L'extrait de bile, à cause de sa propriété dissolvante a été préconisé contre les engorgemens chroniques du foie et des autres viscères du bas ventre; on l'a conseillé contre les affections vermineuses, etc. C'est à la dose de quatre à six grains qu'on le fait prendre, seul ou associé à diverses résines, à des plantes amères, apéritives, fondantes. On l'administre sous forme d'opiats, de pilules, de bols, mais comme il est déliquescent, on doit les renouveler souvent et n'en faire préparer conséquemment qu'une très-petite quantité à-la-fois. C'est peut-être ce qui a engagé préférablement à le donner dissous dans du vin de Madère, ou dans de l'eau de canelle. On l'a fait entrer aussi, à plus haute dose, dans des emplâtres et des lavemens anti-vermineux.

La bile de bœuf, préparée avec d'autres substances de manière à former une liqueur, passe pour un excellent cosmétique, et propre à dissiper les taches du visage.

La propriété dont jouit la bile de bœuf, de dissoudre plusieurs matières grasses, est bien connue des dégraisseurs, qui font un fréquent usage de cette bile, de préférence au savon, pour enlever les taches de graisse et d'huile de dessus les étoffes de laine. La bile entre aussi dans la préparation de plusieurs couleurs.

CHAPITRE VI.

CONSIDÉRATIONS SUR UNE LIQUEUR ANTIBILIEUSE, FONDANTE, VERMIFUGE, etc. **C'EST-A-DIRE, SUR UNE LIQUEUR PROPRE A GUÉRIR LES MALADIES QUE LA BILE PRODUIT OU QU'ELLE COMPLIQUE,** etc.

Notre intention ne saurait être d'ajouter un nouveau remède secret à ceux déjà si nombreux, et contre lesquels on est avec raison assez généralement prévenu. La liqueur dont il s'agit n'est autre chose que le suc convenablement préparé de végétaux pris parmi les dépuratifs, les fondans, les purgatifs, les vermifuges et les diurétiques, tous bien connus, et que, d'ailleurs, nous nous ferons un plaisir de signaler aux gens de l'art, ainsi qu'aux personnes qui feront usage du remède. Mais comme il serait à craindre que la composition de celui-ci ne fût pas toujours telle que nous y faisons procéder nous-mêmes, si elle était entreprise par les gens du monde qui sans doute alors n'en retireraient pas tous les avantages que nous lui reconnaissons, et l'empêcheraient ainsi d'être en réputation comme il le mérite, nous nous croyons dispensés d'indiquer dans ce mémoire la recette de ce remède. Nous attendrons, pour en instruire le public, qu'une masse imposante d'observations lui en ait démontré l'efficacité, au point que rien ensuite ne puisse le faire tomber en discrédit.

Le tems n'est pas éloigné où il nous sera permis de réaliser cette promesse, en publiant un second mémoire enrichi de nouveaux faits.

Par les diverses substances dont la liqueur se compose on conçoit qu'elle est propre à remplir un grand nombre d'indications. En vain objecterait-on que du mélange de tant de médicamens dont les propriétés sont différentes, il doit résulter un tout qui détruit celles-ci; nous répondrons que dans ce tout ne se trouvent pas moins réunies les vertus de ces médicamens pris en particulier, puisque donnée dans des vues fondées sur elles, la liqueur a produit des effets tels qu'on se les était promis.

Nous savons bien que plus un remède est simple, mieux on se rend compte de ses effets. Il n'est pas dit, pour cela, qu'il faille rejeter ceux qui sont très-composés. La thériaque, par exemple, dans la composition de laquelle il entre tant de substances, si disparates, n'est-elle pas salutaire, bien qu'il nous soit impossible d'expliquer comment elle agit? Au reste, notre liqueur n'est pas si compliquée, et elle a une action principale à laquelle nous devons rapporter presque toujours l'honneur des guérisons qu'elle opère : c'est celle de débarrasser doucement le corps de certaines humeurs viciées, notamment de la bile, outre qu'elle assainit, pour ainsi dire, les parties avec lesquelles elle se trouve en contact.

On ne sera donc pas surpris que nous la recommandions non-seulement dans les maladies proprement dites bilieuses, mais encore dans les affections dartreuses, psoriques, scrophuleuses, scorbutiques, gangréneuses, cancéreuses, syphilitiques, laiteuses et vermineuses, dans les engorgemens des glandes, les convulsions des enfans, les apoplexies séreuses, les paralysies, etc., etc.

Mais c'est spécialement comme antibilieuse que notre liqueur mérite d'être préconisée. Aussi, pour l'intelligence des affections morbides contre lesquelles il convient de l'administrer, devons-nous entrer ici dans quelques détails sur l'élément bilieux, le tempérament bilieux, les constitutions bilieuses, etc. Et on verra que les maladies dans la production desquelles le fluide biliaire paraît être pour beaucoup, sont plus nombreuses qu'on ne le pense aujourd'hui généralement.

§. I.

Elément gastrique ou bilieux.

Cet élément a des symptômes pathognomoniques qui varient selon le lieu occupé par la bile. Il peut n'être que consécutif à d'autres maladies, arriver à leur déclin. On le considère tantôt comme un symptôme purement local; tantôt comme un élément essentiel; alors la bile est répandue dans toute l'économie, et, dans ce cas, la tête est pesante, la face rouge d'abord, a ensuite la couleur d'un vert jaunâtre, la bouche est amère, pâteuse, la langue couverte d'un enduit qui lui est adhérent; il y a des nausées, des vomituritions et même des vomissemens bilieux, douleurs à l'épigastre, urine rare, etc., etc. En un mot, on observe les symptômes de la fièvre bilieuse générale.

Soit comme symptôme, soit comme élément, les effets produits par la surabondance ou la mauvaise qualité de la bile sont tout aussi dangereux. Seulement, le moyen à leur opposer doit-il être donné suivant que la fièvre est primitive ou consécutive à l'état bilieux et suivant les règles qu'il convient de suivre par rapport à celui-ci; ce dont nous aurons l'occasion de parler.

§. II.

Tempérament bilieux.

La bile prédomine dans ce tempérament qu'on reconnaît aux traits suivans : couleur plus ou moins brune et jaunâtre de la peau, dureté et maigreur des chairs, cheveux blonds foncés, ou noirs et fournis, yeux étincellans, pouls dur, vif et fort. La promptitude avec laquelle la circulation sanguine se fait, donne à l'ame une agitation presque continuelle qui, si elle rend l'esprit susceptible d'une forte application, porte à la colère. Et voilà pourquoi nombre d'auteurs ont appelé *colérique* ce tempérament.

§. III.

Température atrabilaire ou mélancolique.

Celui-ci commence, pour ainsi dire, où l'autre finit; ou plutôt, il n'en diffère que parce qu'il est poussé à l'extrême et souvent à tel point qu'il peut être pris pour une véritable maladie. Alors, il y a une certaine gêne dans la circulation du bas ventre et principalement dans celle du système de la veine porte. La bile domine dans ce tempérament comme dans le précédent, mais elle y est plus épaisse et si hétérogène qu'on l'a appelée autrefois *atrabilaire* ou bile noire.

Les mélancoliques ont la peau d'une couleur plus foncée, sont maigres, ont les yeux caves, noirs et ombragés, le regard sombre, les cheveux noirs et crépus, le pouls dur et serré ; ils digèrent difficilement, éprouvent un mal-aise général qui les rend inquiets, soupçonneux, et leur fait voir tout en noir.

Si maintenant nous faisons attention que les tempéramens peuvent se mélanger et former ce qu'on appelle des tempéramens mixtes, nous nous persuaderons facilement que l'état bilieux peut prédominer chez un grand nombre d'individus autres que les bilieux et les mélancoliques proprement dits. PETIT-RADEL, *dans ses Institutions de médecine*, a fort bien fait remarquer que différentes causes peuvent changer le tempérament radical, en l'améliorant ou le détériorant selon les circonstances et les divers tems de la vie, en sorte que généralement il y a un flux continuel d'un tempérament vers un autre. Ainsi, sur la trame première invariable, les nuances se diversifient à l'infini, et les hommes se métamorphosent continuellement. Avant Petit-Radel, et dès que le système des tempéramens fut adopté, on les crut susceptibles de s'unir les uns aux autres. C'est aussi ce qui a fait avancer à M. le professeur Richerand qu'à la vérité ils sont natifs, c'est-à-dire, qu'on les apporte en naissant ; mais que par l'éducation, la manière de vivre, le climat, les habitudes contractées, ils s'altèrent ou même changent tout-à-fait.

Qui ne sait d'ailleurs que l'âge influe sur le développement de ces dispositions et sur leurs modifications. Ainsi, par exemple, le tempérament bilieux n'est bien évident que dans l'âge adulte, tandis que le tempérament mélancolique est le tempérament des vieillards.

Ces considérations sont de la dernière importance dans la pratique de la médecine, afin de pouvoir employer, entr'autres moyens prophylactiques et curatifs, ceux connus sous le nom d'anti-bilieux.

Nous aurions à passer en revue chacune des causes modificatrices des tempéramens, afin de mieux démontrer le rôle que joue la bile dans beaucoup de circonstances, l'influence, par conséquent, qu'elle exerce sur la production des maladies ; mais nous n'avons pas pris l'engagement de faire un traité de médecine, et il nous suffira d'ajouter quelques mots pour qu'on puisse se former une idée de l'étiologie des maladies bilieuses.

§. IV.

Constitutions bilieuses.

Il faut bien nous entendre sur les mots, si nous ne voulons pas qu'il y est du vague dans nos propositions.

Or, en médecine, le mot constitution est pris en divers sens, mais on ne saurait se méprendre sur celui que nous lui donnons ici : c'est évidemment des maladies bilieuses produites par l'atmosphère que nous voulons parler, et, par conséquent, on concevra que, sous la dénomination de constitutions bilieuses, nous comprenons les constitutions atmosphériques qui déterminent ces maladies.

On n'ignore pas que l'état de l'atmosphère varie selon les saisons et les climats, et que ceux-ci comme celles-là sont également plus ou moins variables. C'est donc d'une manière générale qu'il nous est possible de tracer quelques mots sur cet état.

Si nous jetons un coup d'œil sur les constitutions d'une seule journée considérée, à l'exemple de M. le professeur BROUSSONNET, sous le mode *diurne* et *nocturne*, nous voyons s'opérer dans l'organisme des changemens remarquables, selon qu'on observe les phénomènes qui s'y passent, à minuit, le matin, à midi et le soir. La nuit, les organes muqueux sont excités, et toutes les affections catarrhales s'aggravent. Vers le matin, au lever du soleil, la circulation sanguine est plus active; ce qui fait que les maladies inflammatoires se manifestent alors ou deviennent plus graves. Le milieu du jour a une influence notable sur la bile et l'organe qui la secrète. Si celui-ci avait été dans une espèce d'inertie par le froid de la nuit, il est vivement stimulé, sous l'action de la chaleur, d'ordinaire plus grande vers midi. Enfin c'est le soir que les tempéramens bilieux et atrabilaires ainsi que les maladies auxquelles ils sont sujets, se montrent dans toute leur énergie.

Ces influences ne durent pas assez pour qu'elles puissent changer le fond des maladies; tout au plus, en modifient-elles la forme. Mais elles n'attestent pas moins l'action de l'état atmosphérique sur la production de ces maladies.

Les quatre époques assignées aux constitutions diurnes se retrouvent dans les constitutions de l'année. Ainsi, on a rapporté l'hiver à la nuit, le printems au matin, l'été au milieu du jour et l'automne au soir.

Il serait long et sans doute superflu de tracer l'influence de chacune de ces saisons sur les maladies. Mais nous ne saurions nous dispenser de nous arrêter un instant à des considérations qui se rattachent aux saisons de l'été et de l'automne.

Pendant l'été, remarquable par une constitution chaude et sèche, la secrétion de la bile est beaucoup plus active qu'à toute autre époque. Les fonctions respiratoires le sont également aussi, d'où il résulte que le sang perd une plus grande quantité d'hydrogène et de carbone, et que l'azote est plus complet. On transpire également beaucoup, de telle sorte qu'on fait une dépense assez considérable d'humeurs et qu'il ne reste guères plus que les matériaux de la bile. On se figure bien d'après cela comment est survenue l'activité du système de la veine porte. N'est-ce pas évidemment parce que le sang plus bilifié, devient pour le foie un *stimulus* plus fort, et que, par les matériaux qu'il lui fournit alors en plus grande quantité, il le met à même de former davantage de bile ?

L'automne, saison quelquefois froide et sèche, mais ordinairement assez belle, dans notre pays, est favorable au développement de l'atrabile, de cette bile noire dont nous avons eu occasion de parler, comme de la bile proprement dite, mais desséchée, plus épaisse et portée à un point plus grand d'âcreté et de causticité.

C'est donc, en général, la saison pendant laquelle les chaleurs se font sentir que se développent les constitutions bilieuses. Mais observons encore que l'influence de celles-ci est d'autant plus marquée, qu'elles règnent dans des climats chauds, parmi des individus qui se nourrissent de beaucoup de viande et qui sont doués du tempérament bilieux. Nous avons exposé les caractères de celui-ci, les effets des saisons qu'on pourrait appeler bilieuses. Pour compléter nos idées, disons un mot des climats chauds, de l'âge des individus, etc.

On a remarqué que le tempérament bilieux était celui du plus grand nombre des habitans des contrées méridionales. Or, les influences des saisons de l'été et de l'automne, ne cessant pas d'être à-peu-près les mêmes durant toute l'année, dans ces contrées, ne peuvent qu'activer les fonctions secrétoires du foie et faire ainsi prédominer la constitution bilieuse, chez l'homme en santé comme chez celui qui se trouve malade.

Bien qu'en naissant nous apportions notre tempérament, celui-ci, nous n'avons pas omis de le dire, peut varier par beaucoup de circonstances. Or, chez tous les individus la bilescence est particulièrement favorisée à l'âge viril, de sorte que chez ceux-là même qui n'étaient pas d'un tempérament bilieux, on leur reconnaît si non tous, du moins quelques-uns de ses caractères, une fois qu'ils sont parvenus à la virilité.

Nous pouvons maintenant nous borner à considérer d'une manière générale ce qui donne naissance aux constitutions bilieuses. Hippocrate plaçait au mois d'août l'invasion de ces constitutions. Néanmoins, elles se manifestent souvent avant cette époque, principalement lorsque la température est à-la-fois chaude et humide. En général, elles quittent leurs caractères à mesure qu'elles s'éloignent de la saison dans laquelle elles ont commencé de paraître. Mais aussi, elles se prolongent encore plus ou moins si la température atmosphérique qui les a développées continue d'être la même au delà de cette saison.

En résumé, les constitutions des maladies bilieuses reconnaissent pour causes prédisposantes et occasionelles les tempéramens bilieux et atrabilaires, l'âge viril, la saison de l'été, et même celle de l'automne, la chaleur d'un climat auquel on n'est point accoutumé, l'usage d'alimens indigestes, des excès de table, une vie sédentaire, des affections morales tristes, des emportemens de colère, des études prolongées, la suppression de quelque exanthême, d'un écoulement habituel, etc., etc.

Au nombre des maladies bilieuses sont comprises toutes celles qu'il est permis d'attribuer à un trouble quelconque des fonctions digestives dépendant de l'augmentation, de la diminution ou de la corruption du fluide biliaire. Cet état pathologique présente une multiplicité de nuances, puisqu'il peut parcourir tous les degrés qui, du simple embarras gastrique et intestinal, se portent jusques à la violence du causus ou fièvre ardente, de la fièvre jaune, etc.

Nous sommes arrivés au point de passer en revue les maladies bilieuses, mais le nombre en est si grand, que ce serait outre-passer de beaucoup les bornes de ce mémoire s'il nous fallait parler de chacune d'elles envisagées même sous un point de vue général. Tout bien considéré nous aurions à signaler aussi des maladies qui, sans être bilieuses de leur nature, revêtent le caractère bilieux. Il nous suffit de dire, à cet égard, que le célèbre STOLL a vu une épidémie de fièvres bilieuses transmettre ce caractère à la phthisie pulmonaire; et que Finke, dans sa description d'une épidémie bilieuse, a produit des observations sur des maladies non fébriles, telles que la toux, la difficulté de respirer, la paralysie, les hémorrhoïdes, l'ischurie, l'hémoptysie dont le caractère était celui de la constitution épidémique, et qu'on n'avait traité avec succès que par des moyens curatifs appropriés aux affections bilieuses.

De Sauvages reconnaît cinquante-six maladies proprement dites bilieuses. Si à ce nombre on joint celles qui, quoique d'une nature différente, se présentent escortées de phénomènes bilieux, on s'apercevra aisément du rôle que joue la bile dans l'état pathologique. Nous allons exposer ici les symptômes généraux de ces maladies, et nous fixerons un instant l'attention du lecteur sur quelques-unes d'elles en particulier.

Les malades ont du dégoût, une céphalalgie susorbitaire, et même quelquefois du délire, le visage d'un rouge tirant sur le jaune, les yeux injectés, mais jaunâtres, les ailes du nez et le contour des lèvres également jaunes; ils ont l'haleine mauvaise et puante, la langue plus ou moins chargée, recouverte, surtout à sa base, d'un enduit épais, jaunâtre. Ils éprouvent une anxiété inexprimable, des éructations et des hoquets; ils ont des envies de vomir et souvent vomissent spontanément une bile très-amère, jaune ou verdâtre, brune et quelquefois noire. La moindre pression sur l'épigastre y fait naître une grande sensibilité; ils y sentent une pesanteur et, par fois, une douleur et une chaleur vives.

L'épigastralgie rend leur respiration difficile et douloureuse. Ils sont tourmentés par la soif, ont autant de désir pour les boissons froides que d'aversion pour les alimens, surtout pour ceux tirés du règne animal ; ils ont des coliques ; sont constipés ou poussent des selles d'une odeur fétide et insupportable, bilieuses, jaunes, verdâtres, brunes ou noirâtres, etc. Ils ont les hypocondres tendus, élevés, douloureux ; les urines rares, épaisses et très-colorées, la peau sèche, pénétrée d'une chaleur âcre et brûlante au toucher.

Il peut se faire que tous ces phénomènes disparaissent à la suite d'un vomissement ou d'un dévoiement spontané ; mais on les voit aussi augmenter d'intensité, s'ils durent pendant quelque tems.

On s'imagine bien qu'on ne les trouve pas toujours tous réunis pour caractériser une même maladie bilieuse. Mais pourvu qu'on observe quelques-uns d'entre eux, on parvient aisément à comprendre s'ils sont l'indice d'une maladie de ce genre, ou seulement celui d'une simple complication. Si, par exemple, un individu a la bouche amère, la langue pâteuse, des nausées, un ou plusieurs vomissemens spontanés de matières jaunes ou verdâtres, etc., les urines peu abondantes, sédimenteuses et briquetées, on reconnaît en lui une surabondance de bile qu'il est facile d'évacuer par l'usage de la liqueur antibilieuse, à laquelle nous accordons d'autant plus de confiance que, vu son action si douce, elle pourrait être, comme certains minoratifs, administrée quand bien même il y aurait de légers symptômes inflammatoires.

Cependant, la prudence veut qu'en pareil cas on ait recours préalablement à des moyens dits antiphlogistiques. Supposons qu'aux symptômes ci-dessus il se joigne des vertiges et des crampes assez fréquentes ; il serait convenable de faire précéder l'administration de la liqueur antibilieuse, par des saignées générales ou locales, par des rafraîchissans, des calmans, etc.

Ce n'est pas uniquement quand il y a embarras bilieux que notre liqueur est indiquée, elle l'est encore avec beaucoup d'avantages pour évacuer les matières saburrales, glaireuses, etc., et pour anéantir les vers et certaines humeurs viciées, telles que les humeurs dartreuses, psoriques, syphilitiques, etc., etc.

Avant de nous arrêter à quelques maladies bilieuses, ainsi que nous l'avons promis, nous devons indiquer ici les doses auxquelles la liqueur doit être prise, à tous les âges : une bonne cuillerée à café sera suffisante pour les enfans âgés de quinze mois à deux ans. On augmentera ensuite progressivement de la manière suivante : on donnera, depuis deux ans jusqu'à quatre ans, deux cuillerées à café ; depuis quatre jusques à dix, une bonne cuillerée à bouche ; de dix à dix-huit, deux semblables cuillerées, dose qui, de dix à trente ans, pourra être portée à deux cuillerées et demie et même jusqu'à trois cuillerées. De trente à soixante ans, trois cuillerées ; mais depuis soixante jusques à quatre-vingt-dix, une ou deux cuillerées suffiront pour remplir l'indication.

Bien entendu que ces doses varient encore suivant les individus et les maladies dont ils sont atteints. Il peut se faire, par exemple, qu'elles soient doublées et continuées chaque jour pendant long-tems, selon la gravité de l'affection morbide. C'est à la sagacité du médecin qui dirige le traitement de celle-ci que nous laissons le soin de modifier les doses du remède. Nous n'avons voulu qu'indiquer celles qui servent de base à cette prescription, dans les différentes époques de la vie.

Nous ferons remarquer qu'il est des personnes d'un tempérament nerveux, des femmes qui, ayant beaucoup de répugnance pour toute espèce de médicament qui porte avec lui tel ou tel principe odorant, ne peuvent se résoudre à avaler une médecine composée, dans laquelle il entre huit ou dix onces d'un liquide qui répand une odeur repoussante et seule capable de faire développer des accès d'histéricie chez ces personnes pour peu qu'elles y soient prédisposées, ou qu'elles en aient été atteintes. La liqueur antibilieuse n'a pas cet inconvénient, puisqu'elle n'est nullement odoriférante, que donnée à la dose d'une ou de deux cuillerées seulement, elle produit l'effet d'une médecine très-composée, et qu'on peut en réitérer sans crainte l'usage pendant plusieurs jours de suite. Elle est un peu amère, il est vrai, mais de suite après son ingestion dans la bouche on fait prendre, pour dissiper l'amertume qu'elle y laisse, un peu d'eau sucrée qui, au reste, n'est tout au plus nécessaire que pour les enfans ou certaines personnes, car le goût d'amertume n'est que momentané et n'est point à dédaigner, si l'on fait attention à ce proverbe dont je pourrais me servir encore ici : *ce qui est amer à la bouche est doux au corps.*

Examinons maintenant quelques-unes des maladies proprement appelées bilieuses et même quelques-unes d'autres maladies dans lesquelles notre liqueur est d'un grand secours.

§. V.

Constipation.

On sera peut-être étonné de nous voir parler de la constipation, comme d'une maladie bilieuse. Mais, en considérant qu'elle résulte assez souvent du défaut ou de la diminution de secrétion de la bile, on ne trouvera pas mauvais qu'il en soit question ici. Nous savons bien que des médecins, M. Velpeau entre autres, (voy. *Nosographie organique, pag.* 155, *tom.* 1) soutiennent qu'elle n'est pas la preuve d'un vice de secrétion du foie, puisqu'elle a lieu dans une foule de circonstances relatives seulement au genre d'alimentation et à l'état des intestins. Mais nous n'ignorons pas non plus que des praticiens recommandables, tout en attribuant la constipation à d'autres causes qu'au défaut de bile, n'ont pu s'empêcher d'avouer que, par cela seul que le fluide biliaire est le principal moyen d'entretenir le mouvement des intestins de bas en haut, il doit résulter de son absence l'interruption de ce mouvement, et par conséquent la constipation; comme cela a lieu dans la jaunisse, etc.

Les praticiens conseillent alors premièrement les lavemens émolliens, les antiphlogistiques généraux; mais ensuite les purgatifs si capables d'agir sur le tube intestinal de manière à en favoriser le mouvement péristaltique. C'est bien, en pareil cas, que notre liqueur antibilieuse, quoique son action soit très-douce, évacue les excrémens devenus durs et plus volumineux, et s'oppose ainsi aux désordres qui ne manqueraient pas d'être la conséquence de ce genre de constipation.

§. VI.

Gastrodynie bilieuse.

Parmi les différentes douleurs à la région de l'estomac que les auteurs ont bien distinguées, la gastrodynie bilieuse est l'une des plus considérables. Elle paraît être le résultat d'une bile âcre, porracée, qui, du duodenum, reflue en plus ou moins grande quantité dans l'estomac, et y produit de violentes douleurs quelquefois suivies de convulsions et d'autres symptômes non moins alarmans.

L'application de sangsues à la région épigastrique, les boissons acidules, telles que la limonade, les opiacés sont bien propres à apaiser ce trouble ; mais il faut aussi penser à l'évacuation de la bile, et comme on doit pour cela faire choix d'un moyen qui n'augmente pas l'irritation, nous sommes d'avis qu'on fasse usage de la liqueur antibilieuse, en ayant égard à toutes les circonstances favorables à son action.

§. VII.

Anorexie bilieuse.

Pendant l'été, lorsque les fortes chaleurs débilitent le corps, on est assez généralement atteint de cette anorexie ou perte d'appétit, qui n'existe jamais sans que le malade ressente beaucoup de chaleur, ait la bouche amère, une soif inextinguible, des nausées ou des vomissemens bilieux.

Souvent l'anorexie bilieuse n'est que le prélude d'une maladie plus grave et ne doit être alors regardée que comme un symptôme. Mais lorsqu'elle existe telle que nous venons de la décrire, elle est elle-même une maladie qu'il faut combattre par les tempérans, les acides, et notre liqueur antibilieuse.

§. VIII.

Colique bilieuse.

On l'attribue à la présence d'une bile âcre dans le canal intestinal qu'elle irrite au point d'y causer des douleurs plus ou moins aiguës. Elles se font sentir d'ordinaire dans les gros intestins, s'annoncent par un léger mouvement fébrile, et quelques-uns des symptômes généraux qui procèdent de la bile, tels que chaleur, soif, amertume de la bouche, déjections bilieuses et fréquentes, etc.

Comme les viscères pourraient être enflammés par l'âcreté du fluide biliaire, il est prudent de recourir d'abord aux boissons délayantes et mucilagineuses, aux calmans; mais il ne faut pas craindre d'augmenter l'inflammation par un trop prompt usage de quelque purgatif, d'ailleurs fort doux, tel que notre liqueur antibilieuse, parce qu'une fois qu'on est parvenu à débarrasser les intestins de la cause des vives douleurs qui s'y font sentir, on se rend plus facilement maître du désordre inflammatoire qui serait survenu, et le plus souvent même celui-ci disparaît-il complettement avec la cause qui l'avait produit.

Ce qui ferait bien connaître les cas où la liqueur est employée avec succès, serait la distinction des maladies bilieuses, non seulement selon les âges, les tempéramens, les saisons, les climats, mais encore selon les professions, etc. On s'apercevrait du nombre infini de causes capables de vicier la bile. Nous renvoyons pour cela aux auteurs de médecine les plus estimés ; mais une chose que nous ne devons pas passer sous silence, c'est au moins quelques mots sur les maladies auxquelles les marins sont sujets et dont ils peuvent être délivrés par le remède que nous préconisons. Nous devons, dans ce paragraphe, nous occuper un instant de la colique bilieuse dont ils sont assez souvent attaqués, et pour bien faire comprendre ce sujet, nous allons rapporter textuellement ce qu'en a dit l'un des plus célèbres médecins de la marine (1), M. POISSONNIER DESPERRIERES :

« La colique bilieuse est assez commune dans les vaisseaux, moins cependant parmi les gens de l'équipage que parmi les officiers ; nous en verrons bientôt la raison. Les symptômes qui annoncent cette maladie et les accidens qui la caractérisent, sont une amertume marquée de bouche, une teinte jaune dans la peau du visage surtout et dans les yeux, un abattement manifeste, un vomissement de matières vertes et porracées, des douleurs inouïes dans la région épigastrique, qui s'étendent souvent dans la région ombilicale, et qui sont quelquefois accompagnées d'un hoquet plus ou moins fréquent. Le pouls, dans cette colique, est toujours petit et serré ; le ventre est quelquefois libre, mais plus souvent il y a constipation : les douleurs dont les malades se plaignent leur paraissent être le produit d'une forte constriction, telle que serait celle qu'on éprouverait par le serrement d'une corde; malgré cela le ventre n'est ni tendu, ni douloureux au toucher, et les crampes et les petits mouvemens convulsifs dont cette maladie est ordinairement accompagnée ne paraissent que par accès.

(1) *Traité sur les maladies des gens de mer*, pag. 595 et suivantes.

« Le vomissement paraît quelquefois diminuer l'intensité de la douleur et des autres accidens; mais la scène recommence bientôt, et dans les accès de douleur, le ventre se colle, pour ainsi dire, à l'épine, ce qui peut faire présumer avec beaucoup de vraisemblance que cette colique est le produit d'une constriction brusque et outrée des parties dans lesquelles cette maladie a son siège: ce qui paraît le prouver démonstrativement, c'est que j'ai vu un officier de marine attaqué d'une pareille colique, chez lequel une hernie ancienne qui rentrait difficilement, disparaissait tout-à-fait bien loin d'augmenter, toutes les fois que les douleurs et les efforts pour vomir s'annonçaient; mais le calme revenu, la hernie se montrait sous son volume ordinaire.

« On ne peut guère s'en prendre, pour l'apparition et le développement de pareils accidens, qu'*à une bile trop acrimonieuse et presque corrosive* qui, agissant tant sur le plexus hépatique lui-même que sur le gastrique et le mésentérique supérieur, jette les parties dans lesquelles ils se distribuent dans un état de resserrement convulsif qui produit tout-à-la-fois le vomissement et les douleurs vives qui caractérisent cette colique. Cet état de la bile est une *dégénérescence de cette humeur*, occasionée, sans doute, tant par la nature des alimens dont on se nourrit dans les vaisseaux, que par la vie sédentaire qu'on y mène. Les salaisons dont les matelots font leur principale nourriture, les fèves souvent mal cuites, mal assaisonnées, les biscuits anciens dont ils usent dans beaucoup de circonstances, sembleraient bien ne pouvoir fournir chez ces individus qu'une bile âcre très-propre à faire naître la colique dont nous parlons; et cependant il faut avouer qu'ils y sont moins sujets que leurs officiers ; la raison en est simple : cette plus grande acrimonie de la bile chez eux ne fait que lui donner cette activité nécessaire pour extraire des alimens grossiers et visqueux que nous venons d'énoncer, les particules nourricières qu'ils renferment ; elle eût été insuffisante pour cette action, si elle eût eu moins d'énergie : d'ailleurs, le travail auquel ils sont nécessités, l'action vigoureuse du diaphragme, des muscles abdominaux dans la pluspart de leurs occupations, en comprimant vigoureusement le foie, forcent la bile qui s'y filtre à passer promptement, soit dans l'intestin duodenum par le canal hépatique, soit dans la vésicule du fiel, et de ce réservoir dans ce même intestin par le canal cholédoque : or, comme l'on sait, l'acrimonie outrée de la bile étant autant et même plus le produit de son trop long séjour dans les réservoirs destinés à la contenir, que de la nature des alimens dont elle est extraite, l'on voit de reste que le matelot, chez qui la stagnation de la bile a plus rarement lieu, doit aussi être moins exposé à une maladie qui reconnaît pour cause cette acrimonie bilieuse qui est le résultat de cette stagnation.

« Il n'en est pas de même des officiers ; le pain frais, les volailles, des légumes bien assaisonnés, le meilleur bœuf salé et souvent la viande fraiche faisant leur nourriture journalière, on aurait lieu d'être étonné que ce fût chez les individus ainsi nourris que se manifeste le plus ordinairement la colique bilieuse, si l'on ne savait pas que l'abondance de ces mêmes alimens, quoique moins susceptibles d'acrimonie que ceux dont sont nourris les matelots, jointe à l'usage du vin, du café, des liqueurs, et surtout au défaut d'exercice de leur part, suffit de reste pour faire naître cette acrimonie bilieuse que nous regardons comme la cause principale de cette maladie; d'ailleurs, ce n'est guères au commencement d'une campagne, et dans le tems que les officiers usent encore à-peu-près des mêmes alimens dont ils se nourrissent à terre, que la colique bilieuse s'annonce parmi eux, c'est lorsque les alimens frais commencent à leur manquer : et la meilleure preuve qu'on puisse fournir que c'est surtout à la stagnation outrée de la bile dans ses propres réservoirs qu'est due cette maladie, c'est qu'elle attaque toujours de préférence ceux qui favorisent le plus cette stagnation par l'inaction corporelle et qui, au lieu de prendre tout l'exercice que comporte leur séjour dans un vaisseau, s'appliquent à lire ou à méditer sur des objets sérieux; l'on observera encore que chez les officiers, le système des nerfs étant plus irritable, le même degré d'acrimonie bilieuse qui ne produirait, chez le matelot, que de légères coliques, leur occasionera des douleurs très-vives.

« De tout ce que nous venons de dire, on peut conclure un fait déjà prouvé par l'expérience : c'est que l'acrimonie bilieuse n'étant qu'un excès de tendance à la putréfaction, dont la bile est très-susceptible, et la chaleur des climats la favorisant, la colique, qui en est le résultat, doit être, comme elle l'est effectivement, plus commune et plus dangereuse dans les pays chauds que dans les pays froids ou tempérés ; l'intensité et la réunion des autres agens qui concourent à la produire, peuvent cependant, dans ces derniers cas, suppléer la chaleur du climat : aussi se fait-elle souvent sentir d'une manière très-vive dans les climats même tempérés. L'acrimonie bilieuse dont nous parlons devient presque habituelle chez les officiers qui ont beaucoup navigué, et qui sont nés avec une constitution mélancolique que la mer, bien loin d'affaiblir, ne fait qu'augmenter : c'est pourquoi il n'est pas étonnant qu'ils restent sujets à la colique qui en est le produit, lors même qu'ils sont à terre et qu'ils vivent au milieu d'une famille dont ils partagent les alimens, sans que celle-ci participe à leur indisposition, ce qui ne manquerait pas d'arriver, au moins à quelques-uns de ceux qui la composent, si elle pouvait être mise sur le compte de la nourriture. »

Quant à la curation de cette maladie, l'auteur du passage que nous venons de citer recommande l'usage des boissons délayantes et adoucissantes, des lavemens émolliens, etc.; il veut qu'on évite les calmans narcotiques, et pense que la casse, la manne et le tamarin sont les seuls purgatifs qu'on puisse se permettre, comme étant assez doux pour ne pas augmenter l'irritation intestinale. Il est essentiel, suivant lui, de les répéter souvent vers le déclin de la maladie, pour en empêcher ou en éloigner le retour. Or, nous ferons remarquer que notre liqueur anti-bilieuse est infiniment plus douce que les purgatifs dont il vient d'être parlé, ce qui a permis de l'administrer sans inconvénient dans certains cas de colique bilieuse où ces purgatifs eussent été contre indiqués par l'élément inflammatoire. On se persuadera donc de quel immense secours elle doit être pour les marins, surtout ceux qui font les voyages de long cours.

§. IX.

Diarrhée bilieuse.

S'il y a prédominance de la bile dans le tube intestinal, il peut se déclarer ce qu'on appelle *diarrhée bilieuse;* ses caractères sont la couleur jaune de la bile dont les excrémens sont plus particulièrement teints que d'ordinaire, des tranchées et une chaleur assez incommode des viscères, et qui est surtout insupportable à la région anale. Elle attaque les individus d'un tempérament bilieux, ceux adonnés aux boissons alcoholiques, et se montre surtout en été et dans les pays méridionaux. Suivant DE SAUVAGES, cette espèce de diarrhée guérit souvent la fièvre tierce, la double tierce et les autres fièvres bilieuses, aussi bien que la quotidienne catarrhale bénigne; c'est-à-dire, qu'il faut être circonspect dans l'emploi des moyens qui la supprimeraient brusquement. Elle réclame les boissons adoucissantes, acidules, nitrées, les lavemens émolliens; mais il arrive bientôt le moment de modérer ses effets, de les arrêter même par des laxatifs qui, comme la liqueur anti-bilieuse, débarrassent les intestins de la surabondance de la bile, sans exposer à une surexcitation.

§. X.

Choléra-morbus.

Le choléra-morbus ou cholerrhagie est l'une des maladies les plus terribles, à cause de sa marche rapide et du danger qui menace ceux qui en sont atteints. Les justes alarmes qu'elle a excitées et excite encore aux gouvernemens européens, depuis qu'elle exerce ses ravages dans le nord de l'Europe, ont fait prendre des mesures sanitaires qui, nous l'espérons, suffiront pour nous en garantir. Il n'est donc pas bien nécessaire de nous arrêter, dans ce paragraphe, aux moyens de nous en préserver. Exposer quelques mots sur ses causes, sa nature, ses symptômes et son traitement, tel est le but que nous nous proposons.

Outre les causes prédisposantes qui se tirent de l'âge, du sexe, du tempérament, de la profession, du climat et de la saison, de l'habitude acquise des maladies bilieuses, etc., on distingue celles qui tiennent à des écarts de régime, et à tout ce qui peut troubler, d'une certaine manière, les fonctions digestives, etc. Est-il surprenant, d'après cela, que les marins, qui ne se nourrissent que d'alimens de difficile digestion, de viandes salées et fumées, de biscuits souvent altérés, etc., soient sujets à la cholerrhagie.

Dans cette maladie, l'action du système hépatique prédomine d'une manière vicieuse, le fluide biliaire se répand en plus grande abondance dans le duodenum; de là, des évacuations copieuses par les selles et le vomissement, et dans lesquelles on reconnaît d'ailleurs, le plus souvent, que la bile a subi plus ou moins d'altération dans sa consistance, dans son acrimonie, dans sa nuance. L'accumulation de ce fluide, due à l'affection du foie, est bientôt suivie des symptômes qui caractérisent le choléra. Ces symptômes sont d'ordinaire ceux qui annoncent, d'une manière générale, les affections bilieuses du tube digestif, et alors on peut bien se méprendre sur l'existence du choléra-morbus. Mais lorsque celui-ci se montre spontanément et sans signe précurseur, on observe des symptômes pathognomoniques, tels que fréquens vomissemens de matières bilieuses plus ou moins variables quant à la couleur, des évacuations alvines analogues à ces vomissemens, des douleurs intestinales aiguës et comme déchirantes, avec tension du ventre, soif ardente, nausées accablantes. Dès l'invasion de cette cruelle maladie, le pouls commence d'être plein, dur; mais il s'affaiblit bientôt insensiblement, et pour peu que le mal continue, les palpitations, les spasmes, les convulsions, le froid des membres surviennent, et la mort termine la scène.

On ne saurait bien préciser la marche, la durée de la cholerrhagie, puisqu'elle varie sous certaines influences et que sa terminaison a lieu tantôt en quelques heures, tantôt en trois ou quatre jours. Mais il est bien rare qu'elle se prolonge jusqu'au septième jour.

L'issue du choléra pourra être très-heureuse, lors même qu'il aura été livré aux seules ressources de la nature, et cela, par les évacuations qu'elle aura suscitées. Mais cette terminaison n'a lieu que très-rarement, et la fin du mal n'est souvent funeste que parce qu'il n'a pas été attaqué de suite, et par les moyens indiqués.

Parmi le grand nombre de remèdes qu'on a conseillés contre le choléra-morbus, il n'en est pas un qu'il soit permis de regarder comme spécifique, pas même l'opium dont pourtant on retire, dans ce cas, de très-grands avantages. Néanmoins, on conçoit aisément la marche thérapeutique qu'il convient de suivre, en faisant attention aux vomissemens bilieux, aux déjections alvines de même nature, ainsi qu'aux autres symptômes pathognomoniques du choléra. Or, ces symptômes dénotent évidemment une irritation vive, produite par un stimulus morbifique dans le tube digestif, principalement dans les voies biliaires et leurs dépendances, irritation qui est elle-même la cause des évacuations de bile et de l'état nerveux attaché à la maladie. Sans doute, on doit chercher avant tout à débarrasser les premières voies du stimulus qui excite tant de désordres, et l'on ne saurait mieux y parvenir que par notre liqueur anti-bilieuse, dont on n'a nullement à redouter une action excitante, perturbatrice, comme on l'observe après l'usage de certains purgatifs incendiaires.

Une fois la première indication remplie, on doit s'attacher à apaiser l'irritation des voies digestives par des boissons délayantes et mucilagineuses, par des lavemens émolliens, et l'on a recours ensuite, pour calmer l'état nerveux, aux opiacés en même-tems qu'aux bains généraux, dont les salutaires effets sont incontestables. Enfin, on ne perd pas de vue l'état de prostration des forces dans lequel le malade a été jeté par les énormes évacuations de bile, et, par conséquent, on a soin de soutenir les forces par l'emploi des eaux ferrugineuses, du bouillon de veau, des crêmes de riz, des gelées de poulet, mais en proportionnant ces moyens à la susceptibilité de l'estomac, afin de ne pas l'augmenter, ni de faire recommencer la scène du désordre. Pendant la convalescence, s'il arrive que le malade présente des signes de saburre, on n'aura rien de mieux à faire que d'opposer à cet état saburral, quelques cuillerées de la liqueur anti-bilieuse, de sorte qu'on peut justement la signaler comme propre à commencer et à achever la cure.

§. XI.

Jaunisse. (Ictère.)

Cette maladie, caractérisée par une couleur jaune qui se fait remarquer d'abord à la sclérotique (le blanc des yeux) puis à la peau de la face et de tout le corps, est une preuve bien évidente que la bile reflue dans le sang, puisqu'on lui attribue, avec raison, la teinte jaune dont il s'agit. Cette opinion, qui n'est pas nouvelle, a été contestée par des médecins expérimentateurs qui ayant pu se convaincre, par l'action mortifère d'injections d'un peu de bile dans le sang de quelques animaux, de l'âcreté de ce liquide, ont pensé que si l'ictère résultait de sa présence dans le sang, on observerait sans doute des phénomènes extraordinairement graves. Mais ce n'est là qu'une supposition. Au reste, ne doit-on pas se défier de certains essais de physiologie expérimentale, lors même qu'ils ont été entrepris par des hommes très-exercés? Et, par exemple, ne se pourrait-il pas que la bile qu'on injecte dans les veines des animaux, n'eût pas tout-à-fait les mêmes propriétés de celle qui circule dans l'homme vivant? Ne se pourrait-il pas qu'elle fut altérée au point d'exciter dans le torrent circulatoire sanguin un trouble semblable à celui qui résulte de l'air qu'on y introduit? Quoi qu'il en soit, non-seulement les phénomènes pathologiques attestent que la couleur jaune de la peau est due à une certaine quantité de bile mélangée ou circulant avec le sang, mais nous trouvons encore une preuve de cette vérité dans les résultats d'analyse chimique qui ont démontré clairement dans le sang, dans l'urine même des ictériques, la présence de principes immédiats, et surtout des principes colorans du fluide biliaire.

Mais quelles sont les causes du reflux de la bile dans le sang? On conçoit qu'il doit avoir lieu toutes les fois qu'elle est retenue dans l'organe hépatique, lorsque celui-ci a subi quelque altération, lorsque la vésicule ou les canaux biliaires sont oblitérés par leur contraction spasmodique, ou la présence de calculs plus ou moins volumineux. Alors, la bile, par sa corruption, son épaississement, autant que le foie, par ses lésions, donne lieu à la série des symptômes qui caractérisent la jaunisse; elle transsude, ou mieux, elle s'introduit par regorgement dans les vaisseaux lymphatiques et dans le sang; et, chariée ainsi dans les différentes parties du corps, il n'est pas surprenant qu'elle donne à la peau une couleur jaunâtre; qu'elle vicie les fonctions de nutrition; qu'elle rende l'urine épaisse et teinte d'une couleur assez rouge, tandis que les excrémens ne sont point jaunes comme dans l'état normal, etc.

Certaines secousses morales, de même que des douleurs physiques très-vives, sont encore capables, en pervertissant momentanément la sensibilité particulière de l'appareil biliaire, de suspendre la séparation ou l'excrétion de la bile, et partant, de produire l'ictère.

Il est à noter que cette maladie pourrait bien ne pas tenir, dans tous les cas, au reflux de la bile dans le sang; mais celui-ci, il faut bien l'admettre, retient en pareil cas les élémens propres à la formation de la bile, de sorte que chaque jour voit s'accroître en lui l'abondance insolite de ces élémens, d'où, il est facile de le concevoir, dérive la jaunisse, sans que pourtant il y ait lésion apparente des voies biliaires.

Les causes de l'ictère sont si multipliées, qu'on a dû nécessairement reconnaître plusieurs espèces de cette maladie. Nous sommes dispensés d'en faire ici l'examen; contentons-nous de rappeler qu'elle est idiopathique ou symptomatique; que celle-ci se trouve comme attachée à d'autres maladies; que l'autre tient particulièrement à l'état pathologique du foie et de ses annexes.

Les symptômes de la jaunisse varient suivant ses espèces. Il est, néanmoins, possible d'en présenter le tableau d'une manière générale. Outre la couleur jaune des yeux et ensuite de toute la peau, comme nous l'avons dit, en commençant ce paragraphe, on observe les symptômes suivans : douleurs aiguës à l'hypocondre droit, nausées, vomissement, fièvre, anorexie, dégoût, langue couverte d'un enduit jaunâtre, bouche amère au point que les malades trouvent un goût d'amertume dans les alimens et les boissons qu'ils prennent; urines d'abord limpides, puis épaisses, safranées, et enfin d'un rouge foncé; déjections alvines décolorées, presque blanches, etc.

Quant au traitement de la jaunisse, il est évident, par tout ce qui précède, qu'il varie selon les causes qui l'ont produite, et par conséquent, selon ses espèces. Pour diminuer la tension, la rigidité, l'état spasmodique des parties affectées; pour délayer la bile devenue plus épaisse, il faut nécessairement tourner avant tout ses vues du côté des remèdes dits tempérans, relâchans, sédatifs; il faut prescrire des bains chauds, des boissons telles que les émulsions froides, nitrées, etc., des lavemens émolliens, et recourir ensuite aux moyens curatifs que réclame chaque état maladif particulier de l'organe hépatique; ce qui est laissé aux soins du médecin chargé de traiter le malade. Mais nous ne devons pas omettre de dire que si, comme l'a fort bien remarqué Coelius Aurelianus, les purgatifs drastiques sont nuisibles dans la jaunisse, sentiment qui, au reste, est celui du père de la médecine, il n'en est pas de même des purgatifs doux administrés aux époques convenables de la maladie. C'est encore ici le lieu de préconiser notre liqueur anti-bilieuse, non-seulement parce qu'elle purge si doucement qu'il n'est aucun cas de jaunisse où elle soit contre indiquée, mais aussi à cause de ses propriétés anti-septique, détersive et corroborative, propriétés que nous aurons l'occasion de démontrer bientôt.

Nous dépasserions les bornes que nous nous sommes imposées, si nous donnions, sur chacune des maladies bilieuses qu'il nous reste à examiner, un aperçu quelconque. Au reste, il n'est pas difficile, quand on a la connaissance des symptômes généraux propres à ces maladies, de saisir les cas où il est opportun de prescrire la liqueur anti-bilieuse, et puisque nous avons tracé le tableau de ces symptômes, il serait en quelque sorte superflu de pousser plus loin nos remarques sur chaque maladie en particulier. C'est donc à dessein que nous nous abstenons de parler *des fièvres gastriques, de la fièvre bilieuse continue, de la fièvre jaune, des fièvres malignes, des maladies typhoïdes, de l'hémoptysie bilieuse, de la pleurésie, de la péripneumonie escortée de phénomènes bilieux*, enfin, de quelques affections, *la colique des peintres, la passion iliaque* ou *miserere*, par exemple, qui, si elle peut émaner d'une cause mécanique, telle que la rentrée des intestins les uns dans les autres, est également le résultat de la présence de matières âcres dont le moindre effet dans le tube digestif est d'y exercer un spasme d'où dérive une sorte d'étranglement qui s'oppose au cours des matières, et cause tout le trouble qui a lieu. Dans ce cas, sans doute, l'occasion de recourir à la liqueur anti-bilieuse n'est pressante que jusques à un certain point, et seulement alors que le besoin d'évacuer la cause des souffrances est reconnu indispensable, et s'effectue sans contre indications; il n'est pas moins constant qu'il faut enfin utiliser ce moyen comme auxiliaire ou comme pouvant terminer favorablement le traitement d'une maladie que d'autres moyens auraient tout-au-plus palliée. Mais c'est spécialement dans les autres maladies précitées que l'efficacité de notre liqueur anti-bilieuse est attestée par le raisonnement, et, ce qui vaut mieux, par de nombreux faits de médecine pratique.

Il nous serait maintenant tout aussi facile de prouver les salutaires effets de ce remède employé contre les maladies saburrales, les maladies vermineuses, les affections catarrhales, etc., etc.; mais les mêmes motifs qui nous ont fait discontinuer les détails attachés à l'histoire des maladies bilieuses, nous obligent de passer sous silence ce que nous aurions à exposer à l'égard de beaucoup d'autres maladies, et nous terminerions ici notre mémoire, si nous ne devions pas remplir notre promesse de démontrer certaines propriétés qui placent la liqueur anti-bilieuse au rang des remèdes les plus utiles à l'humanité souffrante. Nous avons annoncé que cette liqueur était anti-septique, détersive et corroborative; c'est en disant un mot du scorbut qu'il nous sera possible de faire comprendre cette vérité, mais nous devons auparavant insister sur l'emploi de la liqueur, dans plusieurs maladies qui attaquent l'enfance, parmi lesquelles celles qui sont imputées à la présence des vers dans les voies alimentaires ne sont pas les moins nombreuses.

§. XII.

Des vers.

Quoique les vers s'annoncent par une foule de signes, on ne peut cependant bien répondre de leur existence qu'alors qu'il en a été rendu par la bouche ou l'anus. Voici pourtant les symptômes qu'on observe chez les enfans : sommeil inquiet et agité, pendant lequel le grincement des dents a lieu; visage pâle ou rouge, yeux fixes, mornes ou étincelans, dilatation de la pupille, conjonctive quelquefois jaunâtre, entrecroisement des cils, paupières inférieures tuméfiées ou bleuâtres, démangeaison au nez, saleté des narines, haleine tirant sur l'aigre, sécheresse de la bouche, appétit nul ou vorace, salivation, ventre ballonné, ennui, anxiété, vertiges, convulsions, marasme, mort.

Au nombre des remèdes proposés pour expulser les vers du tube intestinal, on compte les purgatifs et ceux connus sous le nom de drastiques; mais on conçoit tous les maux auxquels ceux-ci exposeraient les enfans, si l'on était assez imprudent pour les administrer. Ce n'est qu'avec beaucoup de circonspection qu'il faut chercher des vermifuges dans la classe des évacuans, et bien que notre liqueur anti-bilieuse soit le purgatif capable de remplir ici parfaitement l'indication, vu qu'il n'en est peut-être pas qui soit aussi doux, cependant on fera bien attention de varier les doses, suivant l'âge des jeunes malades, et en ayant égard à leur tempérament.

§. XIII.

Catarrhe suffocant.

C'est aussi contre le catarrhe suffocant, qui survient ordinairement après le sévrage, que la liqueur anti-bilieuse sera employée avec avantage. On n'ignore pas que dans cette maladie les fluides se rendent en désordre dans les organes respiratoires. Or, notre liqueur change cette direction vicieuse et débarrasse les poumons, d'autant mieux que son usage est convenablement soutenu. Elle opère alors une espèce de dérivation toujours plus salutaire que l'expectoration qu'on a conseillé de provoquer, en pareil cas, par des vomitifs, tels que l'ipécacuanha, le tartrate de potasse antimonié, dont l'usage peut non-seulement irriter l'estomac, mais donner lieu à une congestion sanguine cérébrale.

Ce que nous disons de la liqueur anti-bilieuse employée contre le catarrhe suffocant est applicable à beaucoup d'autres maladies de l'enfance, à celles des organes digestifs, à quelques-unes de celles dont le siége est fixé sur la peau, et de celles qui affectent les membranes muqueuses et le système lymphatique.

Entraîné par l'importance du sujet qui nous occupe, nous allions exposer les maladies des vieillards, celles auxquelles les femmes sont sujettes et qui réclament également l'emploi de la liqueur, mais nous devons nous restreindre aux détails que nous avons promis. Qu'il nous soit permis, toutefois, de faire remarquer de quelle utilité cette liqueur peut être aux vieillards qui, bien moins exposés aux maladies que les enfans, en ont pourtant qui résultent de l'âcreté des fluides lymphatique et sanguin, et de la rigidité de leurs fibres. Aussi, ont-ils d'ordinaire le pouls dur et serré, sont-ils le plus souvent tourmentés par des démangeaisons ou des cuissons intolérables, par des dartres et des éruptions cutanées d'autant plus graves qu'ils ne transpirent point. On observe que les maladies des voies urinaires sont fréquentes chez eux, sans doute parce que la vessie et ses dépendances sont attaquées par les humeurs âcres qui dominent dans l'âge avancé; ils sont sujets à la goutte, aux rhumatismes, au catarrhe de poitrine, à l'assoupissement, à l'apoplexie, au cours de ventre, au scorbut, etc., et indépendamment des fluxions qui reconnaissent pour principale cause la suppression de leur transpiration, nous devons signaler les enflures jointes à la faiblesse des cuisses et des jambes, les œdèmes, les hydropisies, maladies toutes dépendantes de l'humeur qui n'a pu se faire jour par les voies de la transpiration.

Pour prévenir ou guérir ces maladies, on a conseillé différens moyens, et un régime, adaptés à chacune d'elles; mais on a justement fait sentir que par cela seul qu'elles tirent leur source de l'âcreté du sang, il faut nécessairement éloigner tout ce qui est de nature à échauffer celui-ci. Prescrire en général des boissons tempérantes, adoucissantes; entretenir la liberté du ventre, par des lavemens émolliens; insister sur la diète, sur un régime doux; ne permettre, en fait d'alimens, que ceux qui sont doux, humectans; exciter la transpiration par un exercice modéré, des frictions sèches, etc. On s'imagine bien, d'après ces considérations, que les purgatifs ne sont guères indiqués, vu qu'ils peuvent augmenter l'acrimonie humorale, ou, en supprimant certaines évacuations, donner lieu à de funestes métastases. Néanmoins, il est bien des cas qui en nécessitent l'usage, et le difficile alors est d'en trouver qui n'exposent pas aux inconvéniens qu'on leur reproche. Préconiser la liqueur anti-bilieuse comme capable de remplir toutes les indications fondées sur l'indispensable nécessité d'expulser, par les premières voies, les humeurs, telles que glaires ou mucosités, saburre, bile, pituite, nuisibles par leur surabondance, c'est sans contredit proposer un moyen qui, comme nous l'avons soutenu plusieurs fois, a une action évacuante qu'il est facile de diriger, de maîtriser, en quelque sorte, à son gré, en variant les doses du remède, sans que, dans aucun cas, elle soit assez énergique pour augmenter les secrétions, à la manière des agens irritans, ni qu'elle les supprime, n'étant nullement brusque, ni violente. C'est pourquoi nous sommes autorisés à faire prendre la liqueur anti-bilieuse comme prophylactique, quoique nous ne soyions pas précisément partisan du système des médecines de précaution; mais nous sommes d'autant plus fondés dans notre manière de voir, que la liqueur étant éminemment dépurative peut doublement servir aux vieillards qui ont-à-la-fois besoin de se débarrasser de nombreuses mucosités qui les assiégent, et de diminuer l'acrimonie de leurs humeurs.

§. XIV.

Scorbut.

On a vu que les vieillards étaient sujets au scorbut; on peut en dire de même des jeunes gens, et surtout des marins, des pêcheurs et des individus qui habitent les bords de la mer et les contrées septentrionales.

M. le professeur Foderé a défini le scorbut: un état où les liquides sont altérés dans leur composition normale, et où les solides, frappés de stupeur, ont perdu leur cohésion et leur faculté contractile.

Les prédispositions et causes occasionelles de cette maladie sont, outre ce que nous venons de dire de l'âge et des lieux, la température humide et chaude, froide et humide, l'air renfermé et vicié des navires et des cachots, une nourriture grossière contenant peu de substances alibiles, ou qui est trop substantielle, comme l'usage des viandes qui tendent à la putréfaction, ou celles qui étant anciennes ont éprouvé une altération particulière, le défaut d'exercice, ou des marches forcées et prolongées, trop de sommeil, des affections morales tristes, le découragement, la suppression ou la diminution d'une évacuation naturelle, etc.

Les symptômes du scorbut ont été étudiés selon les trois degrés qu'on y a reconnus; nous préférons, à l'exemple de M. Foderé, distinguer quatre périodes dans cette maladie: celles d'*imminence,* d'*invasion,* de *douleur* et de *décomposition.* Les symptômes de la première sont les suivans: face pâle, bouffie, jaunâtre, passant insensiblement à une couleur plus obscure ou livide, surtout aux lèvres et aux caroncules lacrymales; aversion pour le mouvement et les exercices d'usage ; abattement, tristesse, chagrin ; pouls lent et faible ; malgré cela, il y a apparence de santé, l'appétit ne cesse pas d'être bon.

Dans la période d'invasion, une lassitude générale succède à la répugnance pour le mouvement, et n'est pas diminuée par le sommeil ; les membres sont engourdis, les genoux faibles, la respiration devient difficile après le moindre exercice ; une démangeaison se fait sentir aux gencives qui se tuméfient, saignent par le plus léger frottement, sont d'un rouge livide, molles, spongieuses, fongueuses, rendent l'haleine fétide. La peau est sèche et assez ordinairement luisante, douce ou rude au toucher, présente des taches rougeâtres, bleuâtres, d'un pourpre livide et même noirâtres, lesquelles d'une forme irrégulière ont la grandeur d'une lentille, mais peuvent acquérir celle de la main. Une enflure des malléoles qu'on observe le soir, disparaît le lendemain matin ; plus tard elle gagne les jambes qui sont alors œdémateuses. A cette époque, on voit les vieux ulcères se r'ouvrir, le pouls est mou, intermittent, inégal, etc.

Il est ordinaire que la troisième période s'annonce par des douleurs, en apparence générales, mais dont le siége est plus particulièrement aux extrémités, aux articulations, dans la région lombaire, à la poitrine, suivies de toux, de constriction, d'oppression et de crachats qui semblent purulens ; elles augmentent par le mouvement, surtout quand il y a eu enflure des jambes et des genoux, que l'œdématie des membres inférieurs est très-considérable. Aussi, les malades, dans un état de débilité et de langueur, sont-ils dans l'inaction corporelle ; ils ont souvent des défaillances, à mesure qu'on les remue, sont sujets à des hémorrhagies du nez, des gencives, des poumons, des intestins, des voies urinaires. Les gencives ne sont plus qu'un fongus ulcéré très-douloureux, exhalant une puanteur insupportable; les dents décharnées vacillent et tombent; il survient une grande salivation; les os se carient, il s'y forme des exostoses. A cette période même, les malades conservent leur appétit, et le libre usage de leurs sens et de leurs facultés intellectuelles, bien qu'ils soient abattus et découragés.

A la période de décomposition, les symptômes susmentionnés augmentent d'intensité, il s'y joint des hémorrhagies presque continuelles par toutes les ouvertures du corps; les plaies les plus légères, de simples contusions deviennent des ulcères. La peau des jambes se crève là où étaient des tumeurs qui de dures qu'elles étaient sont devenues singulièrement mollasses; il s'y forme des ulcérations dont les bords sont livides, gonflés, baveux, et passent à l'état de gangrène quand on les comprime. Le malade, devenu morose, mélancolique, extrêmement abattu, éprouve une gêne de la respiration qui va en augmentant; enfin, il cesse d'exister sans souffrir, quelquefois en se plaignant d'un point douloureux au devant ou sur les côtés de la poitrine.

Nous nous sommes étendus sur la description du scorbut, pour bien faire sentir jusques à quel point notre liqueur est salutaire, comme détersive et tonique, puisqu'elle a triomphé, appliquée à l'extérieur du corps ou administrée en gargarisme, de cette dégénérescence putride dont nous venons de tracer le tableau.

Mais, pour mieux fixer nos idées à ce sujet, commençons par un rapide aperçu sur les moyens hygiéniques et curatifs à opposer au scorbut. Et d'abord, il est en général possible de trouver la préservation de cette terrible maladie dans les soins de propreté, une chaleur sèche et des végétaux frais. Mais il n'est pas facile aux marins d'observer constamment ces règles, et lorsque le scorbut les attaque en voyage, souvent ils ne parviennent à s'en délivrer qu'à leur retour à terre. On ne s'attache pas moins à ne leur donner alors, autant que faire se peut, que de la viande fraîche avec des herbages, du bon vin auquel on ajoute du suc d'oranges ou de citrons, ou tout simplement de la limonade, et si l'on n'a pas ces moyens à sa disposition, une décoction de plantes antiscorbutiques, telles que les feuilles sèches de cresson, de cochléaria, de beccabunga, de fumeterre. Une pinte d'eau édulcorée avec addition d'une ou de deux cuillerées de vinaigre peut aussi remplir l'indication. On fait gargariser le malade avec cet oxicrat. Mais un gargarisme sur lequel on doit particulièrement compter pour déterger les gencives, si elles sont dans un état d'ulcération, ou pour les raffermir, si elles ne sont encore que molles et saignantes, c'est notre liqueur anti-bilieuse, à la dose d'une partie sur quatre d'eau, et que l'on continue ainsi pendant plusieurs jours. Ce moyen est encore indiqué pour laver les plaies des scorbutiques, et l'on s'étonne de voir avec quelle rapidité il en opère la cicatrisation.

Bien qu'il ne soit pas rationnel de recourir aux évacuans des premières voies, dans une maladie dont l'un des principaux caractères est une extrême débilité générale, cependant il convient quelquefois d'employer de doux laxatifs, et c'est, par exemple, lorsque le scorbut se complique de maladies qui réclament l'usage des purgatifs. Au reste, puisque des alimens altérés, grossiers, sont au nombre des causes capables de dépraver les fluides, au point de faire naître le scorbut, pourquoi ne chercherait-on pas à débarrasser les premières voies de l'état saburral qui en est le résultat, dans la vue de prévenir la dépravation humorale ? Or, quel meilleur évacuant que notre liqueur, l'un des remèdes minoratifs par excellence, et dont les propriétés dépurative et fortifiante la rendent si utile dans les maladies atoniques !

Pour juger d'avantage des vertus de la liqueur antibilieuse, c'est dans les maladies chirurgicales qu'il faudrait puiser des exemples; et c'est ce que nous ferions avec d'autant plus de plaisir, que nous possédons un grand nombre de faits, tous plus concluans les uns que les autres. Mais il n'est pas indispensable de les produire dans ce mémoire, si l'on fait bien attention à ce que nous venons d'exposer, que la liqueur a détergé, cicatrisé des plaies, chez des individus dont les fluides principaux avaient subi une sorte de décomposition. Or, elle possède évidemment la vertu anti-septique. Qui sait même, d'après cela, si elle ne serait pas propre à neutraliser les effets de tels ou tels virus ? Ce qui est encore bien sûr, c'est qu'elle s'oppose, comme par enchantement, aux suites des piqûres de certains animaux, de petits insectes, par exemple, très-communs dans les Antilles et l'Amérique méridionale, connus sous le nom de chiques. Ces insectes s'attachent à la peau, s'introduisent même dans la chair, y excitent des démangeaisons intolérables auxquelles succèdent des furoncles, quelquefois un état inflammatoire, plus ou moins considérable; qu'il n'est pas rare de voir se terminer par la gangrène. Hé bien, quand on a eu la précaution de retirer de suite ces insectes, à l'aide d'un instrument pointu, tel qu'une épingle, et que l'on a appliqué sur la partie des compresses imbibées de notre liqueur, on s'est mis à l'abri de tous les accidens graves qui peuvent résulter de ces sortes de piqûres.

Il est une autre maladie dont les suites peuvent être non moins fâcheuses, et que les marins sont exposés à contracter dans les voyages en Afrique, sur les côtes de Guinée, etc. Cette maladie, c'est le dragonneau, espèce de ver, d'un blanc pâle, de la grosseur d'une corde de violon, grosseur qui est égale dans toute son étendue, excepté pourtant vers la queue qui se termine par un petit crochet contractile, et vers la tête où elle est un peu tronquée et présente une trace de suçoir. La longueur de ce ver varie depuis un demi-pied jusqu'à trois ou quatre pieds; on en a rencontré d'une longueur beaucoup plus considérable.

Quant à son origine, les auteurs qui ne l'ont décrit que par ce qu'ils en ont entendu raconter, sans avoir eu l'occasion de l'observer eux-mêmes, ont émis une singulière opinion à cet égard : ils ont soutenu qu'il n'était rien plus que du pus épaissi en forme de tourbillon d'une certaine étendue, ou plutôt une sorte de concrétion fibrineuse, formée dans telle ou telle veine, d'où lui est venu le nom de *vena*, auquel on a joint le mot *medinensis* ou *medina*, parce que cette maladie est très-commune à Médine, ville de l'Arabie ; elle est également fréquente sur les côtes de Guinée où se fait la traite des nègres, et où nous avons pu nous convaincre, pendant un assez long séjour dans ces contrées, que l'opinion de ceux qui regardent le dragonneau comme un véritable ver, *gordius*, est la seule qu'on doive adopter. Reste à savoir maintenant s'il naît dans l'intérieur des parties molles, ou bien si, formé hors du corps de l'homme, il s'insinue accidentellement sous sa peau. Son étiologie est encore si obscure qu'il n'est pas possible de se prononcer sur ce point. Il paraît pourtant qu'on doit croire plus particulièrement au développement spontané du dragonneau. Quoiqu'il en soit, sa présence est attestée différemment, selon les parties où il a fixé son siége. C'est une démangeaison assez désagréable avec la sensation d'un corps qui rampe sous la peau, lorsqu'il affecte les lieux où il y a beaucoup de parties molles. Lorsque, au contraire, il n'y a que peu de parties charnues, il fait éprouver des douleurs aiguës, accompagnées de mal-aise, maux d'estomac, envies de vomir, et c'est précisément lorsqu'il est parvenu à un certain degré d'accroissement ; bientôt il est suivi de la prompte formation d'une tumeur analogue au furoncle. On remarque dans son milieu, qui s'élève en pointe, une vésicule remplie d'une eau roussâtre, transparente, quelquefois noire. Si l'on ouvre cette vessie ou qu'elle crève, il en sort une partie d'une excroissance comme charnue, d'un rouge foncé, qui s'allonge d'un jour à l'autre quand elle doit tout sortir ; c'est la tête et une portion du corps de l'animal, que l'on a soin de saisir alors avec précaution, de le fixer par un fil à un morceau de sparadrap roulé que l'on tourne doucement deux ou trois fois chaque jour ; on parvient ainsi à l'extraire en entier, et aussitôt tous les accidens cessent.

Mais si, par les tractions qu'on aura exercées, la rupture du ver a eu lieu, il survient pour le moins une inflammation considérable, et assez ordinairement une longue suppuration que l'on ne combat comme il faut que par les topiques émolliens, par les antiphlogistiques, et à laquelle, nonobstant cela, peuvent succéder la gangrène, des fistules, le marasme et la mort.

Rien n'est plus convenable pour s'opposer aux effets d'une suppuration abondante, pour arrêter la gangrène, en pareil cas, que des lotions faites à chaque pansement avec notre liqueur, dont la propriété détersive semble faciliter d'ailleurs la sortie des portions restantes du dragonneau, lors même qu'elles sont situées assez profondément dans la plaie.

Puisqu'ici l'emploi chirurgical de notre liqueur produit des résultats si avantageux, il est facile de s'apercevoir qu'il est une foule d'autres maladies externes où elle ne peut qu'être utilisée avec succès.

CHAPITRE VII.

OBSERVATIONS QUI DÉMONTRENT L'EFFICACITÉ DE LA LIQUEUR ANTI-BILIEUSE, FONDANTE, DÉPURATIVE, etc.

Avant de communiquer nos observations, nous devons prévenir le lecteur qu'il nous a paru inutile de les donner avec tous les détails qu'elles comportent, soit parce que ceux-ci n'ajouteraient rien à l'idée qu'on doit se former des propriétés de notre liqueur, soit parce qu'il nous eût fallu ou diminuer de beaucoup le nombre de nos observations, ou augmenter extraordinairement ce mémoire déjà, sans doute, assez long. Au reste, les gens de l'art qui liront ces observations n'ont pas besoin de les trouver entourées de beaucoup de raisonnemens, puisque la seule conséquence qu'ils aient à en tirer, c'est que les maladies sur lesquelles elles roulent ont été guéries par notre liqueur. Les gens du monde concevront plus aisément des faits où sans avoir négligé l'exactitude, nous nous sommes arrêtés aux seuls points de pratique qu'il leur importe de connaître. Cette explication était nécessaire pour nous mettre à l'abri du reproche qu'on aurait pu nous faire de n'avoir pas noté jour par jour les phénomènes remarquables, de n'avoir pas comparé nos faits à d'autres faits observés, de n'avoir pas tiré des inductions, etc., etc.

Parmi le grand nombre d'observations que nous avons recueillies, il en est beaucoup que nous ne rapporterons pas, pour éviter les redites, car plusieurs d'entre elles présentent la plus parfaite analogie sous tous les rapports. Et même, nous avons à dessein passé sous silence une foule d'observations de maladies bilieuses, guéries par notre liqueur, afin de nous ménager assez d'espace pour signaler ici des observations sur d'autres maladies traitées avec le plus grand succès par le même remède.

PREMIÈRE OBSERVATION.

Ayant éprouvé nous-même les salutaires effets de la liqueur anti-bilieuse, etc., nous croyons devoir commencer par l'histoire d'une maladie dont nous étions attaqués, contre laquelle la liqueur a été dirigée.

Il y avait trois ans que nous étions tourmentés d'une toux sèche qui avait été insensiblement en augmentant, bien que nous n'eussions pas négligé de la combattre continuellement par des moyens dits pectoraux, adoucissans, calmans, etc., lorsque voyant notre état empirer au point de faire craindre une issue funeste, nous portâmes une sérieuse attention à tout ce qui pouvait causer ou entretenir les symptômes qui nous accablaient, tels que quintes de toux très-rapprochées, principalement le matin à notre réveil, mais sans expectoration et accompagnées d'une gêne extrême dans la respiration, engorgement œdémateux considérable des membres inférieurs, lassitude générale, peau sèche et aride, démangeaison insupportable vers presque toute l'étendue de celle-ci. Notre pouls était petit et concentré, la langue rouge, la couleur des urines variable, tantôt rouge tantôt blanchâtre, etc.

Il nous parut raisonnable d'attribuer ces symptômes à une grande acrimonie de sang et à de la viscosité dans la lymphe, et nous ne perdîmes pas de vue que nous étions d'un tempérament bilieux et pituiteux. En conséquence, nous fûmes d'avis de subir premièrement un traitement antiphlogistique : une large saignée du bras fut pratiquée ; nous fîmes usage de boissons délayantes et adoucissantes, de lavemens émolliens, de bains tièdes généraux ; nous nous fîmes appliquer un exutoire au bras gauche, et nous observâmes un régime fort doux.

Deux mois d'un pareil traitement suivi sans interruption, et avec beaucoup de soin, servirent tout-au-plus à amender un peu les symptômes qui, bien que moindres, ne cessèrent pas d'être les mêmes : toux, suffocation, engorgement œdémateux des extrémités inférieures, prurit intolérable à la peau, etc., etc.

Ce fut alors que nous prîmes (et nous continuâmes de la prendre pendant quelque tems) la liqueur anti-bilieuse dont les effets furent tels, que nous vîmes diminuer d'une manière très-sensible la toux, et que les autres symptômes disparurent en peu de jours.

Qu'il nous soit permis de faire remarquer qu'ici la liqueur a agi comme auxiliaire vital, ayant divisé, dissous, chassé, tous les principes morbifiques introduits dans le torrent circulatoire; et que cette action a été d'autant plus prompte que déjà notre corps avait été convenablement préparé par les antiphlogistiques.

Nous allons maintenant faire part d'un certain nombre d'observations dont quelques-unes d'abord sur des maladies bilieuses.

DEUXIÈME OBSERVATION.

Les demoiselles Julien, demeurant à Marseille, rue du Marché des Capucins, n° 16, toutes deux d'un tempérament bilieux, sujettes à quelques-unes des nombreuses maladies qu'une bile surabondante ou acrimonieuse produit, telles qu'embarras gastrique, douleurs vagues à différentes parties du corps, etc., font usage, chaque fois qu'elles éprouvent quelques-uns ou tous les symptômes de ces maladies, de la liqueur anti-bilieuse, et c'est toujours avec le plus grand succès; c'est-à-dire, que ces demoiselles se trouvent, pour quelque tems, parfaitement exempte des maux dont la reproduction nous paraît due principalement à leur tempérament.

TROISIÈME OBSERVATION.

Madame Cauvin, demeurant à sa campagne, au quartier du Rouet, étant souvent en proie à une surabondance de bile qui développe chez elle ou un dérangement plus ou moins marqué des voies digestives, ou, si cette humeur a acquis un certain degré d'âcreté, une fièvre bilieuse plus ou moins intense, ne connaît pas de remèdes plus efficaces pour se guérir que notre liqueur anti-bilieuse.

QUATRIÈME OBSERVATION.

M. Allemand, d'un tempérament bilieux, chez qui également trop de bile ou l'altération de cette humeur, trouble assez souvent le libre et facile exercice des fonctions de l'économie animale, a recours à la liqueur anti-bilieuse, dès qu'il perd l'appétit, et qu'en même tems il a des rapports nidoreux, la bouche pâteuse et amère, etc. ; il continue le remède jusques à ce que les fonctions digestives se fassent comme à l'ordinaire, ce qui ne tarde pas d'avoir lieu ; la santé lui est ainsi rendue et se soutient pendant quelque tems.

CINQUIÈME OBSERVATION.

Le nommé André Fouque, fermier à la campagne de M. Pin, au quartier de St-Pierre, âgé de quarante-huit ans, d'un tempérament bilieux, fut pris de violentes coliques, avec cardialgie et douleurs vagues dans toute la capacité abdominale, et éprouva quelque soulagement par un vomissement spontané d'une assez grande quantité de bile porracée ; mais ayant pris une légère nourriture, les coliques, les mêmes douleurs se firent sentir de nouveau, et avec plus de violence que précédemment. Nous nous trouvâmes peu de tems après chez lui, et nous reconnûmes que ses coliques étaient bilieuses. Néanmoins, notre premier soin fut de prescrire une potion calmante et des lavemens émolliens, que nous fîmes bientôt suivre de l'usage de la liqueur anti-bilieuse. Continuée pendant trois jours consécutifs, cette liqueur procura une solide guérison, et André Fouque put se livrer de suite à ses occupations habituelles.

SIXIÈME OBSERVATION.

Tout récemment encore, nous avons été appelé pour soigner le nommé Joseph Isnardon, demeurant à Chaudelles, quartier des Petites-Crottes, qui, pendant six mois, était tourmenté de coliques qu'aucun des remèdes calmans, antiphlogistiques, n'avaient pu faire cesser. Il nous parut bien démontré, par les divers symptômes principaux, dont nous nous aperçûmes, qu'il s'agissait d'une colique bilieuse, et qu'il fallait y opposer notre liqueur. Une chose sans doute bien remarquable, et qui étonna autant le malade que tous les assistans, c'est que, prise pendant deux fois seulement, la liqueur fit disparaître la maladie sans retour.

SEPTIÈME OBSERVATION.

Mlle Marie Imbert, âgée de quatorze ans, demeurant à Marseille, rue Triperie, n° 1, nous présenta la réunion des symptômes caractéristiques d'une fièvre bilieuse bien intense, tels que céphalalgie susorbitaire, langue pâteuse, bouche amère, nausées, inappétence, etc., etc. Quelques jours de préparation par des délayans permirent l'usage de la liqueur anti-bilieuse dont les effets salutaires, pour n'avoir pas été aussi prompts que dans le cas précédent, ne furent pas moins constans. La guérison fut parfaite.

HUITIÈME OBSERVATION.

Le nommé Gérard, demeurant à Marseille, rue Juiverie, n° 4, fatigué par tous les symptômes qu'un embarras bilieux des premières voies peut faire naître, en a été délivré, comme par enchantement, par quelques cuillerées de la liqueur anti-bilieuse.

NEUVIÈME OBSERVATION.

Madame Gervais, demeurant à Marseille, rue St-François-de-Paule, n° 5, atteinte d'un vomissement bilieux qui se répétait assez souvent dans le jour pour faire comprendre qu'il était l'effet d'une surabondance de bile, a été soumise à l'usage de la liqueur anti-bilieuse, continuée pendant une quinzaine de jours, et s'est ainsi parfaitement rétablie.

DIXIÈME OBSERVATION.

Madame Henriette Bianause, âgée de vingt-six ans, demeurant à Marseille, rue Triperie, n° 8, éprouvait depuis quinze jours, lorsqu'elle nous fit appeler, du malaise, des envies de vomir, une soif ardente, avait perdu l'appétit, sa langue était jaune vers le milieu et à la base, rouge sur les bords, sa bouche était amère, ses paupières supérieures offraient un gonflement notable, etc., etc. A ces signes, nous ne pûmes douter de l'existence d'une fièvre bilioso-vermineuse, laquelle était survenue après quarante jours de couche. En conséquence, nous prescrivîmes, avant tout, des boissons tempérantes, qui furent bientôt suivies de la liqueur anti-bilieuse. Celle-ci procura de nombreuses évacuations alvines, presque toutes bilieuses au milieu desquelles on remarqua un ver assez gros, de dix à douze pouces de longueur. La convalescence ne se fit pas attendre long-tems.

ONZIÈME OBSERVATION.

Le nommé Laurent, demeurant à Marseille, rue Ste-Marthe, n° 3, nous fit appeler pour lui donner les soins de notre état, vu qu'il avait, outre les symptômes d'une fièvre gastrique (bilieuse), des douleurs vers la région lombaire, comme celles qui caractérisent le lumbago, mais il éprouvait aussi les symptômes non équivoques de la courbature, symptômes que ni le repos, ni le sommeil n'avaient fait évanouir, comme cela a lieu d'ordinaire dans cette sorte d'indisposition, sans doute parce que l'affection bilieuse les entretenait. Quoi qu'il en fût, nous ne vîmes pas de meilleure indication à remplir, que de combattre cette double maladie par la liqueur anti-bilieuse, et nous eûmes la satisfaction de voir, dans peu de jours, son usage couronné d'un plein succès.

DOUZIÈME OBSERVATION.

Nous avons pensé que les douleurs que le sujet de l'observation précédente ressentait étaient de nature rhumatismale, et ce qui nous a fortifié dans cette opinion, c'est que la liqueur que nous préconisons a eu une action salutaire dans une foule de cas de rhumatisme. Voici une nouvelle observation qui vient à l'appui de cette assertion :

Mlle Théréson, âgée de dix-neuf ans, demeurant à Marseille, rue du Saule, n° 14, vient d'être guérie d'une fièvre gastrique (bilieuse), compliquée de douleurs rhumatismales, contre lesquelles divers moyens médicamenteux avaient échoué avant l'emploi de la liqueur anti-bilieuse.

TREIZIÈME OBSERVATION.

Le fils Riboulet, âgé de treize ans, demeurant à Marseille, rue d'Aix, n° 20, souffrait cruellement depuis quelques jours, dans l'articulation iléo-fémorale, d'une douleur telle, qu'il ne pouvait marcher sans une béquille, lorsqu'une transpiration abondante de tout le corps étant survenue, il fut en même-tems délivré de ses souffrances; mais il se manifesta aussitôt des signes d'un embarras bilieux, et de la présence de vers dans les premières voies. La liqueur anti-bilieuse et vermifuge fut administrée; elle fit faire plusieurs selles dans la journée, et opéra l'expulsion d'une grande quantité de vers ascarides. Continuée pendant quelques jours, la liqueur finit par débarrasser entièrement le jeune malade de la bile et des vers qui le tracassaient encore.

QUATORZIÈME OBSERVATION.

M. Trichaud, âgé de cinquante-cinq ans, demeurant à Marseille, rue du Baignoir, n° 31, tomba d'une certaine hauteur sur le dos, et se fit une forte contusion vers les quatrième et cinquième vertèbres dorsales, laquelle fut suivie de gêne notable dans les fonctions respiratoires. Une potion calmante, une saignée du bras, des topiques émolliens et résolutifs sur la contusion, y procurèrent du soulagement, et firent cesser l'état d'oppression qui affligeait le plus le malade; mais une lassitude générale, des douleurs dans les bras, la perte d'appétit, la bouche amère, la langue couverte d'un enduit jaunâtre, etc., attestaient trop une maladie bilieuse pour ne pas recourir à notre liqueur, dont l'administration, pendant quelques jours, procura à M. Trichaud une santé parfaite.

QUINZIÈME OBSERVATION.

L'épouse de M. Billon, boulanger, à Mazargues, atteinte d'une pleuro-pneumonie, dans laquelle la fièvre, des quintes de toux et la difficulté de respirer étaient portées à un haut degré d'intensité, accompagnées de crachats sanguinolens, a été d'abord soumise, comme on doit le penser, aux moyens antiphlogistiques, adoucissans, indiqués en pareils cas; mais il n'y a eu que la liqueur anti-bilieuse qui ait opéré un amendement notable d'abord, et ensuite une guérison complete. Ce qui nous a fait penser que nous avions eu à traiter une pleuro-pneumonie bilieuse, maladie dont l'histoire de la médecine offre beaucoup d'exemples, et que l'on a souvent combattue, a-t-on dit, avec succès, par l'émétique, mais que nous n'oserions pas traiter nous-mêmes par un médicament aussi violent.

SEIZIÈME OBSERVATION.

Le nommé Joseph Cadet, âgé de quarante-huit ans, paysan au quartier de St-Jean-du-désert, fut pris d'une jaunisse symptomatique ou accidentelle, c'est-à-dire, d'une jaunisse produite par des secousses morales, ou une douleur physique, qui ont suspendu momentanément la séparation ou l'excrétion du fluide biliaire. Préparé convenablement, ce malade prit la liqueur anti-bilieuse pendant une quinzaine de jours, vit disparaître par ce moyen son ictère, et put reprendre bientôt ses occupations journalières.

DIX-SEPTIÈME OBSERVATION.

La nommée Causamie, âgée de cinquante-trois ans, demeurant à la campagne de Mme Cayol, au quartier de St-Pierre, fut également atteinte de jaunisse, mais d'une jaunisse essentielle, bien reconnue par les symptômes que j'observai, et par conséquent, d'une maladie dont la guérison s'obtient moins souvent que dans les cas semblables au précédent, puisqu'elle est le plus ordinairement mortelle, surtout quand le foie et ses dépendances sont fortement lésés. Néanmoins, après les préparations obligées, nous prescrivîmes la liqueur anti-bilieuse, et nous eûmes la satisfaction de voir son emploi couronné d'un entier succès. La malade a été bien rétablie.

DIX-HUITIÈME OBSERVATION.

M. Lesbrand fils, âgé de vingt-quatre ans, demeurant à Marseille, rue Lancerie, n° 50, d'une constitution robuste, d'un tempérament bilieux-sanguin, était incommodé depuis trois ans d'une éruption de boutons dont l'invasion avait lieu à chaque printems, et qui duraient une partie de l'été. Ces boutons, plus ou moins rouges, faisant éprouver un prurit désagréable, fixaient particulièrement leur siége au visage, où ils paraissaient d'abord, pour se répandre insensiblement sur tout le reste du corps.

Bien aise de se délivrer de cette incommodité, il nous fit appeler, et nous pensâmes qu'il fallait premièrement lui pratiquer une saignée générale et lui conseiller l'usage d'une tisane adoucissante et dépurative, pendant un certain nombre de jours, ce qui fut exécuté. Nous passâmes ensuite à l'administration de notre liqueur qui est elle-même dépurative et fondante, et le résultat en fut que les boutons disparurent peu-à-peu pour ne plus reparaître comme auparavant, sans que pour cela la santé ait été d'ailleurs altérée, M. Lebrand n'ayant pas éprouvé depuis la plus légère indisposition.

DIX-NEUVIÈME OBSERVATION.

Madame Cousin, âgée de quarante-deux ans, demeurant à Marseille, rue de la Rose, n° 26, eut tout-à-coup de violentes convulsions, avec grincement des dents, etc. Appelé pour lui donner nos soins, nous jugeâmes que cet état maladif dépendait d'une irritation nerveuse, ou de ce que le sang était épaissi et ralenti, par cela seul, dans sa marche. Nous fîmes de suite une saignée de dix-huit onces; elle donna lieu à un vomissement abondant de bile porracée, qui se réitéra quatre fois dans l'espace d'une heure, ce qui fit cesser l'état alarmant où se trouvait la malade. Cependant, le membre inférieur gauche était paralysé, et le reste du corps tout moulu, par les fortes secousses qu'elle avait reçues pour la rappeler à sa connaissance.

Une tisane tempérante, des lavemens émolliens, des frictions sèches sur tout le membre paralysé furent ordonnés. Le jour qui suivit cette prescription, nous fîmes prendre la liqueur anti-bilieuse à haute dose. La malade ayant poussé un grand nombre de selles se trouva mieux le lendemain, et le membre put déjà exercer quelques mouvemens. Ce succès nous engagea à continuer l'usage de la liqueur, et ce ne fut que pendant peu de jours encore, car la santé la plus parfaite ne se fit pas beaucoup attendre.

VINGTIÈME OBSERVATION.

M. Pignatel, âgé de quatre-vingts ans, demeurant dans une guinguette, au Petit-Camas, était affligé depuis trois mois d'un catarrhe pulmonaire, lorsqu'il y a peu de tems, il vint se confier à nos soins; il avait entièrement perdu l'appétit, sa respiration était très-difficile, il était surtout oppressé quand il faisait du mouvement, et avait des quintes de toux fatigantes. Il ressentait à tout le pied droit un engourdissement qui semblait indiquer une paralysie prochaine.

Après quelques préparations, toujours nécessaires pour mieux disposer le corps aux bons effets de la liqueur, celle-ci a été prescrite, à la dose de deux cuillerées par jour, pendant six jours, mais en ayant mis un jour de repos entre chaque jour où le remède a été pris, de sorte que le douzième jour le traitement a été terminé. A cette époque, il n'y a plus eu aucun signe des symptômes sus-mentionnés, et la convalescence a commencé.

VINGT ET UNIÈME OBSERVATION.

Madame Brousse, âgée de trente-cinq ans, demeurant à Marseille, rue de la Campane, n° 11, éprouvait depuis cinq ans une gêne dans la respiration, semblable à celle qu'on observe dans l'asthme humide ou humoral, et qui l'avait jetée dans un état presque continuel de souffrances. La cause de ce mal nous parut être un engorgement de sérosité lymphatique dans les voies pulmonaires, qui devait ne pas y permettre la libre et facile circulation de l'air. Faire prendre la liqueur anti-bilieuse, fondante, pour éliminer cet engorgement, était évidemment, selon nous, l'indication la plus rationnelle. C'est aussi ce qui fut exécuté, et le succès fut obtenu, comme nous l'avions espéré.

VINGT-DEUXIÈME OBSERVATION.

Mlle Celle, âgée de soixante ans, demeurant à Marseille, rue d'Aubagne, n° 89, souffrait depuis cinq ans d'une cardialgie, accompagnée d'un vomissement presque chaque jour, et qui avait résisté à différens moyens pris dans la classe des calmans, dans celle des adoucissans. Il n'y a eu que la liqueur fondante, anti-bilieuse, qui ait combattu avantageusement cette maladie, et remis dans l'état normal les fonctions digestives, celles de nutrition, par conséquent, qui, on doit se le figurer, n'avaient pas été peu troublées, pendant cinq années de continuelles douleurs.

VINGT-TROISIÈME OBSERVATION.

Madame Honorine Grosjean, âgée de trente-six ans, demeurant à Marseille, rue de la Rose, n° 26, était également atteinte d'une cardialgie compliquée de vomissemens, mais chez elle les vomissemens avaient ordinairement lieu deux ou trois fois dans l'espace de vingt-quatre heures, alors surtout qu'elle trempait les mains dans l'eau fraîche.

En vain, plusieurs traitemens assez bien indiqués ne procurèrent pas même du soulagement. La liqueur fut administrée, continuée pendant quelque tems, et la santé fut obtenue par ce moyen.

VINGT-QUATRIÈME OBSERVATION.

La veuve Philipon, âgée de cinquante-huit ans, qui a le même domicile que la précédente dame, souffrait comme elle, mais depuis trois mois seulement, d'une cardialgie, qui, pour être plus aiguë, n'était pourtant pas accompagnée de vomissement, mais donnait lieu à de fréquentes syncopes. Encore dans ce cas-ci, des calmans, des adoucissans de tout genre avaient été mis en avant sans succès. Il fallut avoir recours à la liqueur anti-bilieuse dont quatre doses suffirent pour procurer la guérison.

VINGT-CINQUIÈME OBSERVATION.

Madame Aubin, âgée de trente-six ans, demeurant à Marseille, rue des Dominicaines, n° 13, était en proie à une violente douleur de tête (céphalalgie) qui n'avait pas même été calmée par un assez long traitement lorsque nous fûmes appelé.

Des sangsues appliquées derrière les oreilles et aux tempes, un vésicatoire à la nuque, des bains de pieds sinapisés, une tisane et des lavemens émolliens furent les moyens que nous conseillâmes en premier lieu. Ils n'agirent tout-au-plus que comme palliatifs, et ce ne fut qu'après avoir donné la liqueur fondante, anti-bilieuse, que le calme d'abord, et bientôt ensuite la guérison eurent lieu.

VINGT-SIXIÈME OBSERVATION.

Madame Raymond, âgée de cinquante ans, bandagiste, demeurant à Marseille, rue de la Campane, n° 11, éprouvait depuis sept ans une céphalalgie dont l'intensité diminuait quelquefois, mais qui la forçait de garder le lit trois ou quatre jours de la semaine.

Appelé pour lui donner nos soins, nous ne vîmes pas de remède plus capable de triompher de cette céphalalgie, que la liqueur anti-bilieuse dont l'emploi ne se fit pourtant qu'après avoir soumis la malade à un régime doux pendant quelques jours, lui avoir fait prendre des pédiluves sinapisés, des lavemens émolliens, une tisane tempérante, et, pour principale nourriture, des potages aux herbes. Ici, l'usage de la liqueur dut être plus long-tems continué, mais enfin, les douleurs de tête s'évanouirent sans retour.

VINGT-SEPTIÈME OBSERVATION.

Le nommé Tonin Rabel, âgé de cinquante-six ans, paysan chez Mme de Ruelle, au quartier de Ste-Marguerite, était attaqué depuis quelque tems de douleurs rhumatismales dans tout le sens de la longueur de la partie latérale externe de la cuisse gauche, où l'on remarquait un gonflement considérable. Nous lui conseillâmes le petit lait pour boisson, un régime doux et l'application de quelques sangsues sur le point le plus douloureux. Au bout d'une douzaine de jours, nous lui ordonnâmes la liqueur anti-bilieuse, qu'il prit et continua pendant quelque tems, sans interruption, et dans moins d'un mois, Rabel fut assez bien rétabli pour pouvoir reprendre ses travaux ordinaires.

VINGT-HUITIÈME OBSERVATION.

Madame Dupuit, âgée de cinquante ans, demeurant à Marseille, rue du Poids de la farine, n° 5, était tourmentée depuis trois mois d'une affection rhumatismale générale, compliquée d'engorgement œdémateux des membres inférieurs, maladie qui avait résisté à plus d'un traitement lorsque nous fûmes appelé. Il nous parut que l'état des souffrances dans lequel nous la voyions provenait d'une sorte d'acrimonie de la lymphe et du sang. D'ailleurs, le pouls annonçait la pléthore. Aussi pour apaiser cet état fîmes-nous d'abord pratiquer des saignées générales et même des saignées locales sur les parties les plus souffrantes, ainsi que des fomentations émollientes, des embrocations huileuses et calmantes.

Le petit lait et un régime doux furent également prescrits. Ces moyens diminuèrent bien l'intensité des douleurs, mais elles ne persistaient pas moins, et ce ne fut qu'après les avoir combattues avec la liqueur anti-bilieuse, prise pendant vingt-cinq jours, qu'on les vit disparaître tout-à-fait.

VINGT-NEUVIÈME OBSERVATION.

Le sieur Augier, âgé de soixante ans, paysan à la campagne de Mme Gervais, au quartier de St-Pierre, souffrait depuis plus de trois mois d'une douleur vive et continuelle, dans toutes les parties du bras et de l'avant-bras droit, laquelle rendait impossibles les mouvemens de cette partie, lorsqu'il nous consulta. Il nous rendit compte d'un très-grand nombre de moyens curatifs qu'il avait déjà employés sans succès, parmi lesquels des applications réitérées de sangsues n'avaient pas été négligées. Il n'était point à présumer que sa douleur provînt d'une cause externe : il n'avait point fait de chute ni reçu aucun coup sur le membre souffrant, et n'avait avec celui-ci soulevé aucun poids au-delà de sa portée ; il se pouvait que les fibres musculeuses trop distendues par l'afflux d'une trop grande quantité de sang, fussent cause des douleurs dont il s'agit. Telle fut, du moins, notre manière de voir qui devait nous porter à prescrire des moyens dits relâchans : des saignées révulsives furent faites, des applications sédatives, émollientes, eurent lieu, et pourtant, nous ne fîmes que pallier le mal, tandis qu'ayant fait prendre au malade la liqueur anti-bilieuse, pendant huit jours seulement, nous eûmes la satisfaction de lui procurer une parfaite guérison, au point qu'immédiatement après ce tems il put reprendre ses occupations ordinaires.

TRENTIÈME OBSERVATION.

Le jeune Etienne Benoit, âgé de vingt mois, dont les parens sont domiciliés à Marseille, rue Bon-Juan, n° 1, venait d'être retiré par eux de sa nourrice, lorsqu'ils nous firent appeler pour le soigner d'une maladie dont les symptômes étaient assez graves pour faire craindre une terminaison funeste. Il était dans un état de marasme complet, avait une fièvre lente avec exacerbation le soir, et presque point de rémittence dans la journée ; il était oppressé, constipé, avait le ventre ballonné ; sa tête était très-volumineuse, l'épine du dos singulièrement courbée en avant ; les os spongieux paraissaient gonflés, il y avait des nodosités à quelques articulations, les veines jugulaires faisaient plus de saillie que dans l'état de santé, enfin tout le corps était tombé dans un relâchement tel, qu'il était impossible au jeune malade de se tenir droit, ni moins encore de faire le moindre mouvement dans la progression. A ces symptômes, nous ne pouvions nous méprendre sur la nature de la maladie : il était bien évident que nous avions à traiter un rachitique, ou, comme on le dit vulgairement un sujet atteint de *nouure*. Quoique nous n'eussions pas l'espérance de le guérir, néanmoins nous insistâmes sur les moyens suivans : tisane simple de mauve édulcorée avec du sirop de gomme, lavemens émolliens, fomentations de même nature et embrocation huileuse sur le bas-ventre ; bientôt, usage de la liqueur anti-bilieuse, prise à la dose de deux cuillerées à café, par jour, avec un peu d'eau sucrée. Quelques jours suffirent pour améliorer l'état désespérant dont nous avons fait le tableau; ce qui nous engagea à ne pas discontinuer une marche si salutaire. Enfin, au bout d'une cinquantaine de jours, Etienne Benoit avait repris ses forces, n'avait plus aucune des incommodités signalées, avait assez d'embonpoint, et il n'a cessé depuis de jouir d'une bonne santé. Il est à remarquer que la liqueur lui avait fait rendre une grande quantité de vers ascarides.

TRENTE ET UNIÈME OBSERVATION.

Mademoiselle Nanette, âgée de quatorze ans environ, gouvernante chez M. Fabrissy, juge de paix du 5me arrondissement de Marseille, *extrà-muros*, avait cette maladie connue sous le nom de pâles couleurs et que caractérisent les symptômes suivans: la couleur pâle, livide de la peau, avec un cercle violet au dessous des yeux, fièvre lente, dont on s'aperçoit à-peine, pouls petit, irrégulier, variable, état de bouffissure général, oppression, appesantissement du corps, aversion pour l'exercice et impossibilité de s'y livrer, abattement moral, etc. Traitée sans succès de cette maladie, la demoiselle Nanette fut confiée à nos soins. Après l'avoir préparée de la manière la plus convenable, nous lui administrâmes la liqueur anti-bilieuse qui, prise pendant quelques jours, la rétablit parfaitement.

TRENTE-DEUXIÈME OBSERVATION.

La fille du paysan de M. Fabrissy, dont la campagne est au quartier de St-Pierre, âgée de huit ans, était triste depuis quelque tems, mélancolique, attaquée d'une fièvre lente, irrégulière, devenue bouffie, avait de pâles couleurs, du dégoût, ne se souciait de rien. Quant aux causes de cette chlorose, nous les fîmes dépendre principalement d'une faiblesse bien manifeste des fibres, laquelle en donnant lieu à un épaississement des fluides, avait interverti la marche du système lymphatique. L'indication à remplir consistait donc à détruire l'embarras de la lymphe et pouvions-nous, d'après les nouveaux exemples de guérison que nous possédions, hésiter pour parvenir à cette fin, de prescrire la liqueur anti-bilieuse, fondante, etc. ? La dose qui fut donnée la première, ne fut suivie que de quelques autres doses, et peu de jours suffirent pour amener le rétablissement le plus complet.

TRENTE-TROISIÈME OBSERVATION.

La jeune Fani Gabriel, âgée de douze ans, fille de Mme Bernard, fabricant de bas, demeurant à Marseille, rue de la Coutellerie, présentait également la réunion des symptômes qui font reconnaître la chlorose ou les pâles couleurs ; elle avait en outre des palpitations si fortes qu'on eût pensé à l'existence d'une affection anévrismale. Préparée convenablement, la jeune Fani Gabriel, a été soumise à l'usage de la liqueur anti-bilieuse qui l'a délivrée de sa maladie.

TRENTE-QUATRIÈME OBSERVATION.

L'épouse du Sr Hizac Blanc, fermier à la campagne de Mme veuve Merle, au quartier de St-Barnabé, nous fit appeler pour, après nous avoir exposé l'état des maux qu'elle endurait, connaître les moyens de s'en délivrer. Nous reconnûmes qu'elle était atteinte d'une ascite fausse, c'est-à-dire que les eaux n'étaient point encore contenues dans l'intérieur du ventre, mais dans les membranes ou pour mieux dire dans le sac du péritoine, etc., etc.

Nous insistâmes d'abord sur un régime convenable, sur une boisson diurétique, des cataplasmes résolutifs, des embrocations, etc. Puis, nous eûmes recours à la liqueur anti-bilieuse, purgative, qui, au bout d'un mois de son usage, avait entièrement dissipé les symptômes de l'espèce d'hydropisie dont la femme Hizac Blanc avait été atteinte.

TRENTE-CINQUIÈME OBSERVATION.

Madame Philippe, âgée de soixante-deux ans, demeurant à Marseille, rue de la Campane, n° 16, avait depuis plus de vingt ans la jambe gauche engorgée, au point, lorsque je la vis pour la première fois, qu'elle ne pouvait faire un pas sans beaucoup de gêne et éprouver de grandes souffrances; elle présumait que cet engorgement était survenu à la suite d'une affection psorique qui n'avait jamais été bien guérie. Cela pouvait avoir été ainsi; mais il y avait des raisons de penser qu'à ce vice galeux l'humeur laiteuse s'était associée et que de cette combinaison était résulté les difficultés qui s'étaient présentées pour obtenir la guérison, malgré les traitemens les plus rationnels.

Des saignées générales et locales, une tisane dépurative et la liqueur anti-bilieuse ont été les seuls moyens à l'aide desquels nous avons combattu et guéri la maladie si rebelle de la dame Philippe.

TRENTE - SIXIÈME OBSERVATION.

Auguste Milaneaud, âgé de neuf ans, demeurant au quartier de St-Giniez, près du Roucas-Blanc, avait le corps couvert de dartres qui lui faisaient éprouver des démangeaisons insupportables, souvent suivies de douleurs très-vives. Une éruption dartreuse de ce genre nécessitait une assez longue préparation ; les bains généraux furent, ainsi qu'un régime végétal, ce qui pendant quelque tems composa nos prescriptions ; nous ajoutâmes ensuite une tisane dépurative, et enfin la liqueur anti-bilieuse, à la dose d'une cuillerée et demie par jour. Une guérison solide a été le résultat de ce traitement.

TRENTE - SEPTIÈME OBSERVATION.

Thérèse, âgée de dix ans, fille du Sr Michel Roubeaud, demeurant à la campagne de M. Icard, au quartier de St-Giniez, était affectée depuis trois ans de la teigne granulée ou rugueuse, lorsqu'elle me fut présentée pour lui faire subir un traitement convenable. Nous reconnûmes en effet tous les caractères de cette espèce de teigne, et la méthode curative que nous crûmes devoir lui opposer consista dans l'usage de quelques antiphlogistiques, d'une tisane dépurative, d'un onguent épilatoire et de la liqueur anti-bilieuse, fondante. Tous ces moyens réunis procurèrent une parfaite guérison.

De toutes ces observations, auxquelles il nous eût été si facile de joindre une nouvelle série de faits capables de démontrer l'efficacité de notre liqueur, il est permis de conclure que ce remède n'agit pas seulement avec succès dans bien des maladies aiguës ou récentes, mais qu'on peut l'utiliser avec non moins d'avantages dans les maladies chroniques, lors même qu'elles ont été combattues en vain par les méthodes les mieux indiquées.

C'est aux médecins à qui seuls est réservé le soin de faire l'application de notre système de médication, à justifier par des observations particulières toute la validité de nos assertions. Ils se trouveront d'accord, nous n'en doutons pas, avec les personnes qui, bien qu'étrangères à l'art médical, sont dans l'obligation de traiter elles-mêmes des malades. MM. les capitaines marins, par exemple, qui ont tous plus ou moins d'instruction et sont chargés de veiller à la conservation et au rétablissement de la santé de leurs équipages, apprécieront le remède que nous proposons. Ils feront attention qu'il est à-la-fois l'un des plus puissans préservatifs de maladies putrides, et peut être contagieuses, pestilentielles, et l'une des ressources curatives sur lesquelles il est permis de compter le plus.

Notre liqueur possède, en outre, l'inappréciable avantage de pouvoir être transportée dans les quatre parties du monde, être gardée pendant long-tems sans perdre aucune de ses principales vertus; bien entendu que ceux qui en auront fait usage ne négligeront pas de reboucher comme il faut la bouteille qui la contient, non-seulement pour éviter la sortie du bouchon avec explosion, mais pour empêcher que l'air ne décompose la liqueur qui pourtant conserverait encore de ses précieuses propriétés.

Nous ne donnerons pas plus d'extension à nos remarques, parce que nous sommes bien persuadés que les conséquences à tirer de nos observations et des considérations qui les précèdent sont faciles à comprendre. Nous terminerons par faire le vœu que chaque médecin ou chirurgien paie son tribut pratique, dans l'intérêt de l'humanité autant que pour agrandir le domaine des sciences médicales.

FIN.

TABLE DES MATIÈRES.

Avant-Propos . . . . Pag. 3

Chapitre Ier. *De la bile, considérée sous le point de vue anatomique* 7

Chapitre II. *De la bile, considérée sous le point de vue chimique* 10

   §. i. *Propriétés physiques de la bile* . . 10
   §. ii. *Propriétés chimiques et analyse de la bile* 13

Chapitre III. *De la bile, considérée sous le point de vue physiologique* 16

Chapitre IV. *De la bile, considérée sous le point de vue pathologique* 21

Chapitre V. *Des usages de la bile en médecine et dans les arts* 30

Chapitre VI. *Considérations sur une liqueur anti-bilieuse, fondante, vermifuge, etc., c'est-à-dire, sur une liqueur propre à guérir les maladies que la bile produit ou qu'elle complique, etc.* 31

   §. i. *Elément gastrique ou bilieux* . . . 33
   § ii. *Tempérament bilieux* 34
   §. iii. *Tempérament atrabilaire ou mélancolique* 35

TABLE

§. IV. *Constitutions bilieuses* . . . . . Pag. 36
— *Des maladies bilieuses en général* . . 40
— *Doses auxquelles la liqueur anti-bilieuse doit être prise à tous les âges.* 43

§. V. *Constipation* 44
§. VI. *Gastrodynie bilieuse* 45
§. VII. *Anorexie bilieuse* 46
§. VIII. *Colique bilieuse* 47
§. IX. *Diarrhée bilieuse* 53
§. X. *Choléra-morbus* 53
§. XI. *Jaunisse. (Ictère.)* 57
§. XII. *Des vers* 62
§. XIII. *Catarrhe suffocant et autres maladies de l'enfance* 63

— *Maladies des vieillards* 64

§. XIV. *Scorbut* 66

Maladies chirurgicales qui réclament l'emploi de la liqueur anti-bilieuse. 70

— 1° *Piqûres de certains animaux* . . . 70
— 2° *Du dragonneau* 71

CHAPITRE VII. *Observations qui démontrent l'efficacité de la liqueur anti-bilieuse, fondante, dépurative, etc.* 73

Première observation 74
Deuxième et troisième observations . . 76
Quatrième et cinquième observations . . 77
Sixième, septième et huitième observations 78

Neuvième, dixième et onzième observations . . . . Pag. 79
Douzième et treizième observations . . 80
Quatorzième et quinzième observations. 81
Seizième et dix-septième observations . 82
Dix-huitième observation 83
Dix-neuvième et vingtième observations 84
Vingt et unième et vingt-deuxième observations 85
Vingt-troisième et vingt-quatrième observations 86
Vingt-cinquième et vingt-sixième observations . , ... 87
Vingt-septième et vingt-huitième observations 88
Vingt-neuvième observation 89
Trentième observation 90
Trente et unième et trente-deuxième observations 91
Trente-troisième et trente-quatrième observations 92
Trente-cinquième observation 93
Trente-sixième et trente-septième observations 94

— *Conclusion tirée de ces observations, etc.* 95

FIN DE LA TABLE.

ERRATA.

Page 25, ligne 25, *au lieu de* consitance, *lisez* con-sistance.

Même page, ligne 26, *au lieu de* surpenant, *lisez* surprenant.

Page 36, dernière ligne, *au lieu de* est, *lisez* ait.

www.ingramcontent.com/pod-product-compliance
Lightning Source LLC
Chambersburg PA
CBHW070301100426
42743CB00011B/2291